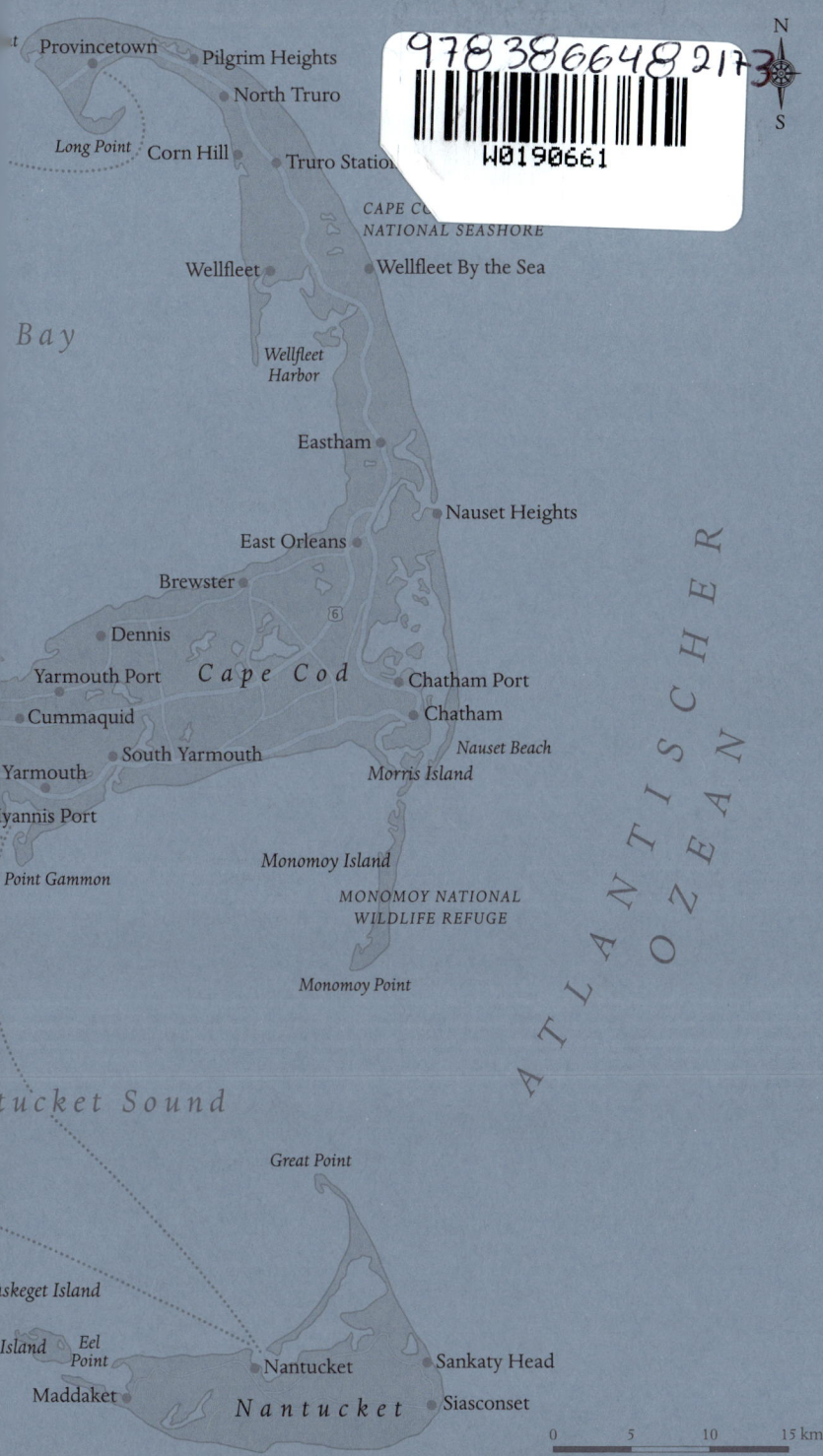

Provincetown   Pilgrim Heights

North Truro

Long Point   Corn Hill   Truro Station

CAPE COD
NATIONAL SEASHORE

Wellfleet   Wellfleet By the Sea

B a y

Wellfleet
Harbor

Eastham

Nauset Heights

East Orleans

Brewster

Dennis   *C a p e   C o d*

Yarmouth Port

Cummaquid   Chatham Port

Yarmouth   South Yarmouth   Chatham

Nauset Beach

Morris Island

Hyannis Port

Point Gammon

Monomoy Island

MONOMOY NATIONAL
WILDLIFE REFUGE

Monomoy Point

A T L A N T I S C H E R   O Z E A N

tucket Sound

Great Point

uskeget Island

e Island   *Eel*
Point

Maddaket   Nantucket   Sankaty Head

N a n t u c k e t   Siasconset

0   5   10   15 km

N
S

mare

A man may stand there and put all America behind him.

Henry David Thoreau, *Cape Cod*

For Karen, come hell or high water

Ein Kap auf der Weltkarte

»Water and meditation are wedded for ever.«
Herman Melville, *Moby-Dick* (1851)

Das einzige Buch, das mein Vater mir je in die Hand drückte, war *Moby-Dick*. Er fuhr als Kapitän auf dem Kutter SAS *Narwal* des Fischkombinats Sassnitz auf Rügen zum Fischen in die Nord- und Ostsee und manchmal auch bis in den Nordatlantik auf die Georges Bank, wo er seinen ersten Wal gesehen hatte. Ich muss zehn oder zwölf Jahre alt gewesen sein, als er mir das Buch gab mit der Bemerkung: »Damit du schon mal weißt, was auf See los ist.« Für ihn war es eine ausgemachte Sache, dass ich später zur See fahren würde.

Bei dem Buch handelte es sich um eine gekürzte Ausgabe in schwermütiger Übersetzung und voll düsterer Lithografien. Ich las die Geschichte von Ahabs Jagd auf den weißen Wal nachts beim Schein meiner Taschenlampe unter der Bettdecke, wie in einer engen Koje im dunklen Vorschiff, über mir Sterne und Gischt und in der Tiefe Herden ziehender Wale. Draußen heulte der Sturm und sang in unserem Schornstein. Wenn nachts der Regen vom Meer gegen mein Fenster schlug, kam ich mir vor wie einer aus der Mannschaft der *Pequod*, die sich durch Orkane und Gewitter hindurch dem Pazifik entgegenkämpfte. Es waren unvergessliche Nächte, und nachdem Moby Dick den Walfänger gerammt hatte und das Schiff samt seiner Besatzung in der Tiefe versunken war, wollte ich unbedingt wissen, wo diese Orte Nantucket und Cape Cod eigentlich lagen, von denen im Buch so oft die Rede war. Ich schlug in meinem Schulatlas nach und fand unterhalb von Boston eine kleine Landspitze, die den Namen Cape Cod trug. Sie schien mir nicht weniger fern und exotisch als Samoa oder die Osterinsel.

Ein paar Jahre später schenkte mir meine Mutter zum Geburtstag Coopers *Letzten Mohikaner*, und so führte es mich ein weiteres Mal nach Neuengland, wenn auch diesmal weiter landeinwärts, in die Wälder zwischen Hudson und Lake Champlain. Auch Coopers Bücher erwiesen sich als Glücksfall, erfuhr ich in ihnen doch mehr über die Geschichte der Indianer Nordamerikas als bei Karl May, der zu dieser Zeit in der DDR ohnehin noch verpönt war. Erneut half mir auch mein Schulatlas weiter, in dem ich all die magischen Orte und Flüsse mit so klangvollen Namen wie Canajoharie, Oneonta und Susquehanna fand. Dass Cooper keineswegs nur Indianerbücher, sondern auch Seeromane geschrieben und eine Zeit lang selbst ein Walfangschiff besessen hatte, ahnte ich damals noch nicht. Immerhin wusste ich nun jedoch etwas mehr über die Herkunft des indianischen Harpuniers Tashtego aus *Moby-Dick* und begann, alles von Cooper und Melville zu lesen, was in der Bibliothek des Sassnitzer Seemannsheims zu finden war. Die Zukunftsvisionen meines Vaters erschienen mir mit einem Mal erstaunlich verlockend: Als Seemann hätte ich tatsächlich die Chance, eines Tages mit eigenen Augen die amerikanische Ostküste zu sehen.

Weitere dreizehn Jahre später, lange nachdem ich von Bord der SAS *Vikingbank* abgemustert hatte, ohne je den Nordatlantik befahren zu haben, packte ich erneut Melvilles *Moby-Dick* und Coopers *Conanchet* in meine Reisetasche und konnte kaum glauben, dass mein Traum nun doch noch wahr werden sollte. Ich war von Professorin Ute Brandes eingeladen worden, ein Semester als Copeland Fellow am Amherst College in Massachusetts zu verbringen. Dort sollte ich, bis auf einige Vorträge über das deutsche Theater der Gegenwart, keinerlei Verpflichtungen haben – außer natürlich zu schreiben. Persönlich wollte ich vor allem endlich Melville im Original lesen und all die Orte besuchen, über die ich in *Moby-Dick* und *Israel Potter* gelesen hatte. Während meiner Zeit als Regieassistent hatte ich auch Coopers *Lotsen* und seine Littlepage-Trilogie studiert. So war mein Wissen über die Nachkommen jener Pilger gewachsen, die im November 1620 auf Cape Cod zum ersten Mal nordamerikanischen Boden betraten.

Nach meiner Fahrenszeit hatte ich auf Umwegen beim Berliner Ensemble am Schiffbauerdamm angeheuert und durfte in der Bibliothek des Theaterverbands, der legendären »Möwe«, auch Westliteratur ausleihen. So hatte ich die Stücke von Eugene O'Neill und Arthur Miller kennengelernt, die Romane von John Dos Passos und Norman Mailer und auch die Gedichte von Edna St. Vincent Millay und W. H. Auden. Ich fand einen Band mit Bildern von Edward Hopper, sogar eine kurze Geschichte der Vereinigten Staaten. Und immer wieder tauchte in all diesen Büchern der Name jenes Kaps auf, das mir seit *Moby-Dick* so vertraut war.

Im Frühjahr 1993 wollte ich über Melvilles berühmten Roman und seine Hintergründe schreiben, auch weil ich einen

Vortrag über die Situation der Theater in Ostdeutschland halten sollte und dafür einen kühnen Zusammenhang zwischen der Jagd Ahabs auf den weißen Wal und dem Untergang der DDR herzustellen versuchte. Wie sich herausstellte, hätte ich dafür keinen besseren Ort finden können als die Bibliothek des Amherst College.

Nachdem die bitterkalten Wintermonate vorüber waren, in denen ich mich jeden Morgen durch Schnee und Eis zu meinem kleinen Büro in der Robert Frost Library durchgekämpft hatte, saß ich vor Stapeln von Notizen und Kopien, ein fertiger Aufsatz in weiter Ferne. Dann kam Ostern, und ich verliebte mich, ganz gegen die Regularien und meinen persönlichen Arbeitsplan, in eine junge Professorin vom nahe gelegenen Mount Holyoke College.

Wir waren uns zum ersten Mal 1989 bei einer Konferenz in Kentucky begegnet und hatten damals nur ein paar Worte gewechselt. Später war sie auf der Party erschienen, die meine Gastgeberin vom German Department anlässlich meiner Ankunft gab. Sie trug eine lederne Pilotenkappe, mit der sie aussah wie Tamara de Lempicka auf ihrem Selbstbildnis im grünen Bugatti. Wir unterhielten uns den ganzen Abend lang über Brecht, Walter Benjamin und Heiner Müller, und ich versuchte, sie mit weit hergeholten Zitaten und steilen Thesen zu beeindrucken. Am Wochenende fuhren wir gemeinsam auf den Mount Holyoke, dessen grandiose Aussicht auf das Connecticut Valley Thomas Cole in seinem Gemälde *The Oxbow* von 1836 festgehalten hat. Von hier aus kann man an klaren Tagen bis zum Mount Greylock blicken, dem höchsten Berg von Massachusetts. Den Greylock sah auch Herman Melville von seinem Arbeitszimmer auf der Farm »Arrowhead« in den

Berkshires, während er im Winter 1850 an *Moby-Dick* schrieb. Er nannte den schneebedeckten Berg »seinen weißen Wal«, und tatsächlich erinnert dessen Silhouette an einen Pottwal. Auf unserem Ausflug erfuhr ich, dass auch Karen am Meer aufgewachsen war, auf Long Island, direkt am Atlantik. Man sagt, dass Insulaner auf der ganzen Welt sich schnell verstehen. So saßen wir am Abend in ihrer Wohnung in South Hadley, und ich erzählte ihr von meiner amerikanischen Kindheitslektüre.

»*Moby-Dick* haben wir in der High School gelesen«, sagte Karen. »Wir hatten einen Englischlehrer, der aussah wie Hemingway. Mr. Vickery war ein großer Bewunderer von Melville. Zum Abschied haben wir gesammelt und ihm eine Harpüne geschenkt. Es heißt doch Harpüne, oder?«

»Harpune«, berichtigte ich.

»Oh well«, seufzte sie. »Mein Problem sind die Ümläute. Hast du schon mal einen Wal gesehen?«

»Nein«, gestand ich. »Im Sommer 1989 hatte sich ein Buckelwal in die Ostsee vor Rügen verirrt, aber den habe ich verpasst. Und du?«

Sie schüttelte den Kopf. Am nächsten Morgen beschlossen wir, zum Spring Break nach Cape Cod zu fahren.

Die Frühlingsferien fielen auf Mitte Mai, und so hatten wir Zeit, uns bei Freunden nach einer passenden Unterkunft zu erkundigen. Jemand hatte gehört, dass die schönsten Cottages auf dem Cape auf Corn Hill in Truro stehen sollten. Karen fand das Maklerbüro, das diese Hütten vermietete. Neben dem Vertrag schickte der Makler auch eine Karte, und tatsächlich schienen die Hütten direkt über dem Atlantik zu stehen. Als ich einem Kollegen am College von unseren Reiseplänen erzählte, überlegte er einen Moment und sagte dann: »Corn Hill – ich glaube, da gibt es ein Gemälde von Hopper.« Er holte einen Band aus den Regalen der Kunstbibliothek und fand darin das Bild, das sieben Strandhütten auf einem Dünenhügel in einem Licht wie aus Goldstaub zeigte. Wenn es dort in Wirklichkeit nur halb so idyllisch war, dachte ich, musste der Ort ein Stück vom Gelobten Land sein, wie ich es auf den Bildern von Edward Hicks im Kunstmuseum von Amherst gesehen hatte. Doch selbst wenn er inzwischen zugebaut und zersiedelt sein sollte, wäre es immer noch Frühling auf Cape Cod. Es würde das Meer und die Wale geben – und uns.

Karen packte drei Kartons mit Büchern in ihr Auto, um »ein bisschen zu arbeiten«. Ich nahm *Moby-Dick* und *Cape Cod* von Henry C. Kittredge mit, ein historisches Werk, das ich in Lord Jeffrey's Bookstore in Amherst gefunden hatte. Wir fuhren auf dem Massachusetts Turnpike in Richtung Boston bis zu einer Abfahrt, die »Cape Cod & The Islands« ankündigte. Im Radio hörten wir Suzanne Vega, die Sonne schien, und dass ich in einem Monat nach Berlin und an den Schiffbauerdamm zurückkehren sollte, schien mir ein vollkommen absurder Gedanke. Ich hatte ja noch nicht einmal angefangen, meinen Vortrag zu schreiben. Und wie sollte ich mich von einer Insulanerin trennen, die Melville und Benjamin las, mit einer Pilotenkappe hier neben mir saß und ihr Auto singend über die schwindelerregend hohe Sagamore Bridge nach Cape Cod steuerte? »In my book of dreams«, sang Suzanne Vega, »Pages made of days of open hand.«

Ich sollte meinen Vortrag auch in den kommenden Tagen nicht schreiben, und das lag nicht nur an den Nächten von Corn Hill und den Stränden von Long Nook und Great Hollow. Es lag auch daran, dass wir in dieser Maiwoche in jedem Ort und in jedem Buchladen neue Geschichten entdeckten, die zu den Indianern, Pilgern und den alten Walfängern von Cape Cod führten, zu Ishmael und Queequeg, Starbuck und Stubb, Tashtego und Daggoo und zu Ahab und Moby Dick. Langsam begriff ich, dass die Geschichte, die Melville in diesem Buch erzählt hatte, weit über die fanatische Jagd eines rachsüchtigen Kapitäns auf einen alten Wal hinausging. Und doch begriff ich auch da noch nicht, was dieser ehemalige Walfänger, der auf seiner Farm in den Berkshires den größten Roman der amerikanischen Literatur geschrieben hatte, wirklich erzählte. Ich ahnte jedoch, dass ich die Geschichte dieser Küste und ihrer Bewohner besser kennenlernen musste, um das Buch zu verstehen. Und ich spürte, dass das, was mich nach meiner Fahrenszeit zu Shakespeare und Brecht ans Theater gezogen hatte, auch bei Melville eine entscheidende Rolle spielte. Dass in seinen Büchern ein Schreiben gegen das organisierte Vergessen zu finden war, von dem ich mehr lernen konnte, als das Theater mir damals zu bieten schien. So ließ ich das Berliner Ensemble, meine Heimatinsel Rügen, meine Familie und die gerade erst begonnene Theaterkarriere hinter mir, um dieser Spur zu folgen.

Fast zehn Jahre lang habe ich dann am Mount Holyoke College und an anderen Colleges im ganzen Land inszeniert und unterrichtet. Doch in meinen freien Stunden durchstreifte ich die Bibliotheken und Antiquariate auf der Suche nach Büchern über Melville, den amerikanischen Walfang, den Völkermord an den Indianern und die Geschichte der Sklaverei. Zusammen mit Karen besuchte ich Melvilles Farm »Arrowhead« bei Pittsfield, bestieg den Mount Greylock und den Monument

Mountain, wo Melville einst Nathaniel Hawthorne kennengelernt hatte. Wir lasen die Bücher von Jay Leyda, Hershel Parker und Nathaniel Philbrick und fuhren Sommer für Sommer aufs Cape. Wir lernten die Wale von der Stellwagen Bank samt ihren Spitznamen und den besonderen Merkmalen kennen, anhand deren die Wissenschaftler vom Center for Coastal Studies in Provincetown sie unterscheiden konnten. Von ihnen erfuhren wir auch über die Walwanderungen durch die Weltmeere und warum die Tiere in jedem Frühjahr zurückkehrten, wenn sie nicht von einer Harpune getötet wurden oder sich in den tödlichen Fallen der treibenden Netze verfingen. Nicht zuletzt lasen wir die vielen Bücher und Stücke, die auf dem Cape entstanden waren: von Eugene O'Neill und Kurt Vonnegut, von Mary Heaton Vorse und Rachel Carson, von Norman Mailer und Linda Greenlaw. Wir besuchten die alten Kapitänshäuser der Walfänger und die Kirchen der Quäker, die Landschaften, die Edward Hopper gemalt hatte, und natürlich die Leuchttürme, die noch immer ihr Licht über den Atlantik schicken.

2010 kehrte ich nach Berlin zurück, um ein Buch über meine Heimatinsel zu schreiben. »Das Leben ist eine Reise, die heimwärts führt«, soll Melville am Ende seines Lebens gesagt haben, als er wieder nach New York zurückgekehrt war und jeden Morgen als Zollinspektor im Hafen antreten musste, weil er von seinen Büchern und seiner Farm nicht leben konnte. In diesen Jahren, in denen er seinen Glauben an Gott und Gerechtigkeit endgültig verlor, fand Melville etwas anderes, das ihm die Kraft gab, trotz der Verachtung und des Vergessens, die er als Autor erfahren musste, weiterzuschreiben und sein zweites Meisterwerk, den Roman *Billy Budd*, sowie die Erzählung *Bar tleby, der Schreiber* zu beenden. Als seine Frau nach seinem Tod den Schreibtisch aufräumte, fand sie in dessen Aufsatz einen vergilbten Zettel mit dem Satz: »Keep true to the dreams of thy youth.«

Vielleicht nehme ich *Moby-Dick* auch deshalb immer wieder mit nach Rügen und denke an die erste Lektüre zurück und an jene Welt meiner Kindheit, in der es noch eine klare Linie zwischen Gut und Böse zu geben schien. Cape Cod ist ein zweites Zuhause geworden, die Linie zwischen Gut und Böse jedoch unschärfer. Die Faszination der alten Geschichten ist geblieben, genauso wie der Wunsch, von den Entdeckungen zu erzählen, die ich bei meiner Suche auf den Spuren von Melville und Moby Dick gemacht habe. Deshalb werden auf den folgenden Seiten jene Indianer und Pilger, Walfänger und Seefahrer aus meiner Kindheit wiederauftauchen, aber auch die Künstlerinnen und Künstler Cape Cods, deren Weg ich in den letzten zwanzig Jahren verfolgt habe. Sogar die verlorene Liebe zum Theater ist zurückgekehrt, dank der Erinnerung an Ishmaels letzte Worte: »Das Drama ist zu Ende. Warum tritt jetzt noch einer vor den Vorhang? Weil einer den Schiffbruch überlebte.«

Von Chequesset zu Cape Cod

Cape Cod ist der nackte und gebogene Arm von Massachusetts – seine Schulter ist an Buzzards Bay, der Ellbogen
oder Musikantenknochen bei Cape Mallebare, das Handgelenk
bei Truro und die Sandfaust bei Provincetown.« So beschreibt
Henry David Thoreau die Topografie der Halbinsel, die das
Kap war, ehe 1914 der Cape Cod Canal gegraben wurde und
sie zur Insel machte. Obwohl die meisten Besucher heute vom
Festland über die Brücken von Bourne und Sagamore aufs Kap
kommen, soll unsere Reise an seiner Spitze, dem Outer Cape,
losgehen: Hier beginnt die offizielle Geschichtsschreibung der
Vereinigten Staaten, und hier begann auch unsere persönliche
Entdeckung von Cape Cod.

Auf den Straßenschildern des Massachusetts Turnpike findet
man den schwarzen Hut der Pilgerväter: Wer von Boston Richtung Cape fährt, kommt an Plymouth vorbei, wo unter einem
Säulentempel der Plymouth Rock liegt, auf dem die Siedler angeblich zum ersten Mal amerikanischen Boden betraten. Jeder,
der sich mit Geschichte auskennt, weiß jedoch, dass das eine
Legende ist, denn noch bevor die Pilger »Plimoth Plantation«
gründeten, waren sie im November 1620 mit der *Mayflower* in der
Cape Cod Bay vor Anker gegangen und hatten mehr als eine Woche auf dem Kap verbracht, ehe sie schließlich weitersegelten.

Vor ihnen hatten schon andere Europäer diese Küste entdeckt. Dass die Wikinger mit ihren Drachenbooten je so weit nach Süden gesegelt und ob Thorvald und Thorfinn hier tatsächlich an Land gegangen sind, wird heute von den Historikern bezweifelt. Doch gibt es die Logbücher und Karten von Bartholomew Gosnold, Samuel de Champlain und John Smith, die zwischen 1602 und 1614 das Kap beschrieben und kartografierten. Schon damals lebten hier seit Tausenden von Jahren Indianer aus dem Stamm der Wampanoag, die zur Sprachfamilie der Algonquin gehörten und sich »die Leute des ersten Lichts« nannten. Einige der indianischen Namen ihrer Dörfer finden sich noch heute auf dem Kap: Cotuit, Mashpee, Nauset und Saquatucket. Jedes dieser Dörfer wurde von einem Sachem, einem Häuptling, geführt und gründete seine Existenz auf Jagd, Fischfang und Ackerbau. Die meisten Siedlungen kamen friedlich miteinander aus, auch wenn es mitunter Streit um Jagdgründe oder gestrandete Wale gab. Doch sobald Gefahr von den Indianerstämmen aus dem Norden drohte, schlossen sich die Wampanoag zusammen, und die Pamet, die Mattakeese, die Cummaquid und die Nauset zogen gemeinsam auf den Kriegspfad. Von all diesen stolzen Stämmen sind lediglich die Wampanoag von Mashpee geblieben, dem einzigen Ort des Kaps, in dem die indianischen Bewohner noch heute leben und ihre Kultur vor dem Vergessen bewahren.

»Chequesset«, das »schmale Land«, das die indianischen Siedler hier bei ihrer Ankunft an der Atlantikküste vorfanden, wurde durch die Gletscher der letzten Eiszeit geformt, die sich von Kanada herunterkommend bis zum heutigen New Jersey vorgeschoben hatten. Aus ihrem Schmelzwasser entstanden Seen und Marschlandschaften, und der Meeresspiegel begann zu steigen.

Die Gletscher ließen gewaltige Sand- und Geröllmassen zurück, aus denen sich Dünen- und Küstenlandschaften erhoben. Der Atlantik wusch aus den versteinerten Wäldern in der Bucht von Truro einen Strand, die Gezeiten trugen den Sand weiter nach Norden und formten so schließlich die Spitze des Kaps. Gleichzeitig schwemmten sie auf dessen Nordostseite die Dünen fort und spülten ihren Sand zwischen Nauset und Monomoy wieder an. Schon bei den Seefahrern des 17. Jahrhunderts war diese Küste wegen ihrer Stürme und Untiefen gefürchtet und als »Grab des Atlantiks« bekannt. Bartholomew Gosnold musste im Frühjahr 1602 all seine Navigationskünste aufbieten, um in die sichere Bucht an der Bayside einlaufen zu können. Sein Chronist an Bord der *Concord*, Gabriel Archer, schrieb in das Logbuch: »Wir sahen eine weite Bucht und nannten sie Shoal Hope. In der Nähe dieses Kaps ankerten wir in einer Tiefe von fünfzehn Faden und fingen große Mengen Kabeljau, weswegen wir den Namen in Cape Cod änderten.« Im Lauf der Jahrhunderte sollte er noch viele Male geändert werden. Der französische Entdecker Samuel de Champlain, der diese Gewässer von 1601 bis 1603 als königlicher Geograf befuhr, hatte schon von den Fischern in La Rochelle viel über die gefährliche, aber fischreiche Küste zwischen Neufundland und Nantucket gehört. Er taufte das Kap nach seiner Ankunft im Jahr 1606 »Cape Mallebare«. Das lag nicht nur an den heimtückischen Sandbänken, sondern auch an der blutigen Begegnung mit den Indianern von Monomoy Island. Nachdem die Franzosen im Zuge deren zwei Männer verloren und die Monomoy das aufgerichtete Kreuz gestürzt hatten, ließ de Champlain eilends Segel setzen. Die Indianer kamen aus ihren Verstecken und zeigten den Fliehenden, wie der Kapitän in seinem Logbuch vermerkte, »ihre nackten Hinterteile, wobei sie mit beiden Händen Sand auf ihren Rücken häuften und höhnisch durch ihre Arschbacken laufen ließen und heulten wie die Wölfe«.

Derartige Zusammenstöße sollte es immer wieder geben. Nachdem der von Kapitän Ferdinando Gorges gekidnappte Häuptling Epenow seinen Entführern in London weisgemacht hatte, dass auf Martha's Vineyard Gold zu finden sei, brachten sie ihn über den Atlantik zurück vor die Küste seiner Heimatinsel. In einem unbewachten Augenblick sprang Epenow über Bord und schwamm an Land, wo er seinen Stamm vor der Gier und Gnadenlosigkeit der weißen Männer warnte und zum Kampf gegen sie aufrief. Mit Champlain und Gorges begann somit die Blutspur der Eroberung, die bis ins 20. Jahrhundert führen sollte.

Auch Henry Hudson kreuzte mit seinem holländischen Flaggschiff *Halbmond* im August 1609 vor dem Kap auf, entschied sich aber, weiterzusegeln, und fuhr den später nach ihm benannten Fluss bis zum heutigen Albany hinauf. Diese Fahrt begründete den Anspruch der Holländer auf die Küstenregion von Manahatta – dem späteren Nieuw Amsterdam – bis hinauf zu den Adirondacks.

Auf Hudson folgte 1614 der englische Kapitän John Smith, der schon 1607 mit Bartholomew Gosnold nach Jamestown gefahren war und dort allerlei Wunderdinge über das Kap gehört hatte, das fischreicher und gesünder sein sollte als die fieberbrütende Küste von Virginia. Vor allem sollte es dort Unmengen an Sassafras-Pflanzen geben, die damals als Wundermittel gegen Pest und Syphilis galten und mit Gold aufgewogen wurden. Nachdem die Kolonisten von Jamestown Smith infolge von Meinungsverschiedenheiten aus der Ansiedlung gejagt hatten, machte er sich auf, die Küste östlich des Hudson zu erkunden. Dabei soll er auch der legendären Häuptlingstochter Pocahontas begegnet sein, die ihn vor dem Marterpfahl rettete, indem sie ihn kurzerhand zum Mann nahm. Ein Flugblatt aus dem Jahr 1610 illustriert seine Abenteuer unter den Indianern und zeigt eine erste Karte von Virginia. Die zweite und erstaunlich präzise Karte von Neuengland, die er 1616 in London drucken ließ, widmete er Prinz Charles, dem Sohn von König James I. Der akzeptierte die Widmung, benannte jedoch Cape Cod in Cape James um, was zu historischen Verwirrungen in der Literatur führte. Smith beschrieb das Cape in seinem Logbuch, das heute im Archiv des National Maritime Museum in Greenwich liegt, als »eine Landspitze aus hohen Sanddünen, überwachsen mit Kieferngesträuch, Dornengebüsch und ähnlichem Unterholz, aber ein ausgezeichneter Hafen für jedes Wetter. Dieses Kap ist umgeben von der See auf der einen und von einer großen Bucht auf der anderen Seite und hat die Form einer Sichel. Auf ihm leben die Pawmet und am unteren Ende der Bucht die Chawum.« Mit den Pawmet meinte Smith wahrscheinlich die Pamet von Truro oder die Patuxet des späteren Plymouth, die beide zu den Wampanoag gehörten. Ein Mann aus ihrem Stamm mit dem Namen Squanto sollte wenig später eine entscheidende Rolle in der Geschichte Neuenglands spielen.

Squanto – oder Tisquantum, wie ihn andere Quellen nennen – soll um das Jahr 1585 in der Gegend um Plymouth geboren worden sein. 1605 wurde er von Kapitän George Weymouth entführt und zusammen mit vier weiteren Männern seines Stammes zu Ferdinando Gorges nach London gebracht. Dieser war inzwischen von James I. zum Ritter geschlagen worden und zum Eigner der Plymouth Company aufgestiegen, die in der Neuen Welt Geschäfte machen wollte. Gorges erkannte das Sprachtalent von Squanto, der das Englische schnell lernte, und ließ ihn zum Übersetzer ausbilden. 1614 kehrte Squanto zusammen mit John Smith nach Neuengland zurück, wurde jedoch auf seinem Weg zu den Patuxet von einem Glücksritter namens Thomas Hunt entführt. Hunt wusste um den Wert des Dolmetschers und verkaufte ihn für zwanzig Pfund an die Spanier in Malaga.

Dort gelang es Squanto, aus der Gefangenschaft nach London zu entkommen, bei dem Schiffbauer John Slany Arbeit und Unterkunft zu finden und sein Englisch weiter zu verbessern. 1617 segelte Slany dann selbst nach Neufundland und nahm Squanto mit, dem es jedoch nicht gelang, zu fliehen und in seine Heimat zurückzukehren. Erst 1619 konnte er mit der Expedition von Kapitän Thomas Dermer von Maine aus wieder nach Patuxet gelangen. Was ihn dort erwartete, war eine Geistersiedlung: Die meisten Indianer seines Dorfes und viele weitere Stämme entlang der Küste waren einer tödlichen Krankheit zum Opfer gefallen, die die Europäer eingeschleppt hatten: den Pocken. Wir wissen nicht, ob Squanto schon damals die Zusammenhänge erkannte oder das Sterben für einen mächtigen Zauber des weißen Mannes hielt, wie er den Sachem Massasoit später glauben machte. Zu diesem Häuptling führte er Kapitän Dermer und vermittelte einen freundlichen Empfang.

Von Massasoit erfuhr Sqanto, dass tatsächlich nicht alle Mitglieder seines Stammes gestorben waren. Vielleicht reifte damals in ihm der Plan, selbst Sachem der Patuxet zu werden und seine Sprachkenntnisse zu ihrem Vorteil zu nutzen. Unseligerweise wollte Kapitän Dermer im Sommer 1620 aber unbedingt die angebliche »Goldinsel« Martha's Vineyard erkunden. Dort wartete der Sachem Epenow nur darauf, endlich Rache an den Weißen nehmen zu können. Er tötete bei Dermers Landung alle Männer von dessen Besatzung. Nur der Kapitän und ein Matrose entkamen schwer verletzt. Squanto geriet in Gefangenschaft. Epenow wusste um dessen Fähigkeiten und die damit verbundenen Gefahren. Ein Indianer, der neben der eigenen die Sprache des weißen Mannes beherrschte, konnte schnell zu einer Gefahr für die Häuptlinge werden. Dennoch tötete er den Dolmetscher nicht, sondern schickte ihn zurück zu Massasoit. Vielleicht lag es an dem Namen, den Squanto sich selbst gegeben hatte und der so viel bedeutete wie »der Zorn des Großen Geistes«. Solche Namen durften eigentlich nur die spirituellen Führer der Stämme, die Medizinmänner oder Powwows, also Schamanen, tragen, die in Kontakt mit der Welt der Geister und der Toten standen. Womöglich hielt Massasoit Squanto wegen seiner Eloquenz und Erfahrungen für einen Powwow der Patuxet – jedenfalls ließ er ihn am Leben. Als im November 1620 die Pilger von der *Mayflower* den Boden Neuenglands betraten, war Squantos Stunde gekommen. Er wurde zu ihrem Vertrauten und Retter.

Von all diesen Indianern, Entdeckern und Pilgern wusste ich nur wenig, als wir im Mai 1993 zum ersten Mal nach Corn Hill kamen. Es war schon spät, und wir fuhren auf dem Weg zu unserem Cottage an einem umzäunten Findling vorbei, über dem eine große amerikanische Flagge im Abendlicht wehte. Wir beachteten sie nicht weiter und waren froh, unsere Hütte vor Einbruch der Dunkelheit gefunden zu haben. Also luden wir unser Gepäck aus und beobachteten von der Veranda aus den Sonnenuntergang, der die Bucht von Provincetown in ein Flammenmeer verwandelte. Dann liefen wir den steilen Sandweg zum Strand hinunter und wanderten bis zur Mündung des Pamet River.

Am nächsten Morgen inspizierten wir nach dem Frühstück die umfängliche Bibliothek, in der sich unter anderem die Bücher von William Bradford, Elizabeth Reynard, Shebnah Rich und Josef Berger befanden. »Wusstest du, dass diese Sandbank die Wiege der Vereinigten Staaten ist?«, fragte ich, nachdem ich in den Büchern geblättert hatte. »Nö«, sagte Karen. »Aber das können wir ja jetzt nachlesen.«

Diesem guten Vorsatz standen allerdings das Frühlingswetter und die Landschaften zwischen Corn Hill und Long Point entgegen. Statt zu lesen, erkundeten wir die Strände von Ballston und Long Nook, besuchten das Highland Light und die Dünen von Pilgrim Heights, verbrachten einen Nachmittag in den Buchläden und Galerien von Provincetown und wanderten durch das Marschland von Wellfleet und Eastham. Die Walbeobachter hatten ihre Saison noch nicht begonnen. Dafür lernten wir die örtlichen Möwen- und Muschelarten kennen, entdeckten Pfeilschwanzkrebse und Geisterkrabben und sammelten Seeschnecken und Treibholz. Am Abend spielte Karen Klarinette, während das alte Cottage im Wind ächzte und schwankte.

Unsere erste Woche auf Corn Hill verging so schnell wie unsere Spuren im Ufersand. Als wir am letzten Abend bei Hummer und Chardonnay aus den Truro Vineyards saßen, hatten wir kein einziges der Bücher aus der Bibliothek gelesen. Aber wir wussten, dass wir wiederkommen würden, denn wir hatten Sand in unseren Schuhen – und wer Sand von Cape Cod mit nach Hause nimmt, so heißt es, der kommt wieder.

Provincetown

»Und am 11. November 1620 ankerten wir in jener Bucht, die
ein guter Hafen ist, beinahe rund, bis auf die Einfahrt, welche
an die vier Meilen weit ist von Land zu Land, bis an die
See umstanden von Eichen, Pinien, Wacholder und Sassafras
und anderem Gehölz. Es ist ein Hafen, in den wohl an die
tausend Schiffe sicher hineinsegeln könnten.«
Mourt's Relation (1622)

Von den Eichen und Pinien aus *Mourt's Relation*, einem der
frühesten Berichte über die Ankunft der Pilger auf Cape
Cod, finden sich heute kaum noch Nachkommen. Sie wurden
von den englischen Siedlern zu Blockhäusern, Palisaden und
Booten verarbeitet oder als Feuerholz verbrannt. Übrig blieben
die weißen Sanddünen, »the white shores of the Cape«.

Die Wälder, die in den Sechzigerjahren des 20. Jahrhunderts
angepflanzt wurden, bestehen aus niedrigen Kiefern und weißen Fichten, allesamt Windflüchter vor der steten Nordost-
brise, die sich dem kargen Boden der Dünen angepasst haben.
Hier an der Spitze des Kaps wehen die Stürme besonders heftig
und entwurzeln alles, was in den Himmel zu wachsen versucht.

Wenn man auf Route 6 von der Sagamore Bridge über den

Cape Cod Canal und vorbei an Barnstable, Eastham und Wellfleet nach Provincetown fährt, sieht man kurz vor der Stadt am Pilgrim's Lake die Dünenlandschaft der National Seashore. Während der Herbst- und Winterstürme wandern die Dünen mitunter bis an die Straße und verwehen den Asphalt. Dann sieht es für ein paar Tage wieder so aus wie zu Zeiten des indianischen Giganten Moshup, der die Küste des Kaps geformt haben soll. Die Legenden der Wampanoag berichten, dass es sich bei Moshup um einen freundlichen Riesen handelte, der als erstes Geschöpf des Großen Geistes auf das »schmale Land« zwischen Atlantik und Bayside kam und unter den Sternen schlafen musste, weil kein Wigwam groß genug für ihn war. Nachts wickelte er sich in einen Mantel aus Hunderten von Bärenfellen ein, und wenn er im Winter vor Kälte wach wurde, sprang er von einem Ende des Kaps zum anderen, um sich aufzuwärmen. So entstanden die Niederungen und Buchten zwischen Provincetown und Sandwich. Im Sommer schlief Moshup am liebsten auf den Dünen am Meer, und wenn es ihm zu warm wurde, wälzte er sich von einer Seite auf die andere und formte dabei die Strände zwischen Long Nook und Herring Cove. Eines Sommerabends verlor er seine Mokassins und fand sie erst am nächsten Morgen wieder. Als er den Sand ins Meer ausschüttelte, entstanden Martha's Vineyard und Nantucket.

Moshup hatte mit seiner Squaw Quaunt fünf Söhne, die ebenfalls gutherzige Giganten waren. Aber ihre Friedfertigkeit wurde immer wieder von den Pukwudgies gestört, einem kleinen boshaften Volk, das das Kap für sich beanspruchte und der Legende nach über beachtliche Zauberkräfte verfügte. Während Moshup und seine Söhne Wale aus dem Meer zogen und an den Strand warfen, damit die Wampanoag genug zu essen hatten, sannen die Pukwudgies darüber nach, wie sie den großen Beschützer der Indianer vertreiben könnten. Sie verwandelten sich daraufhin in Irrlichter, lockten die Indianer in die Sümpfe des Marschlands und zerstörten als Bären und Wildkatzen ihre Felder. Schließlich riss dem Giganten der Geduldsfaden. Er zog mit seinen Söhnen auf den Kriegspfad und legte sich bei Popponesset auf die Lauer. Die Pukwudgies jedoch krochen lautlos durch das Schilfgras, bis sie nahe genug waren, um Moshups Söhnen eine böse Medizin in die Augen zu träufeln. Anschließend schossen sie auf die herumirrenden Gigantenkinder mit vergifteten Pfeilen. Als Moshup ihnen zu Hilfe kommen wollte, war es bereits zu spät – weder er noch die Medizinmänner der Wampanoag konnten die geblendeten Söhne heilen. Sie starben auf dem Marschland von Popponesset Bay. Moshup trug ihre toten Körper ins Wasser von Succonesset, wo er sie zur Ruhe legte und Sand auf sie häufte, bis fünf Inseln entstanden, die er mit Bäumen und Gräsern bepflanzte. Man kennt sie heute als Elizabeth Islands südwestlich von Woods Hole, einst von Bartholomew Gosnold nach seiner Königin benannt. Nach dem Tod von Moshups Söhnen kam ein großes Kanu mit weißen Segeln über das Meer gefahren, und auf ihm verschwand der Gigant für immer vom Kap.

Es ist nicht schwer, in dieser Legende historische Spuren und in den Pukwudgies die Puritaner zu erkennen, die Pulver, Pocken und ihren zornigen Gott mitbrachten. Elizabeth Reynard, die die Legenden der Wampanoag gesammelt hat, erzählt in ihrem Buch *Das Schmale Land* von 1934 auch die Geschichte von Gosnolds Schiffskameraden John Brereton, der nach seiner Rückkehr nach London im Juli 1602 dem Earl von Southampton von den wunderbaren Inseln berichtete, die er auf seiner Reise in die Neue Welt besucht hatte. An Southamptons Tisch saß ein Dramatiker, der auf der Suche nach einem Stoff für sein nächstes Theaterstück war. Brereton berichtete ihm von sturmumtosten Küsten und Geistergeheul vom Ufer her, von Seeungeheuern und dunklen Eingeborenen, die nur mit Lendenschurz und Federn im Haar herumliefen und grausige Götzen anbeteten. Stundenlang fragte der Theatermann den Seemann aus und schrieb schließlich das Stück *Der Sturm*, in dem einer der ersten Eingeborenen auf einer europäischen Bühne auftreten sollte und seinem weißen Herrn Prospero sowie dem erschrockenen Publikum entgegenschleudert: »Du hast mir deine Sprache beigebracht, und alles, was ich damit kann, ist: fluchen.«

Ich habe mich, als ich auf Cape Cod den *Sturm* übersetzte, oft gefragt, ob Shakespeare wohl auch Squanto und seinen Gefährten in London begegnet war. Sie könnten ihn angeregt haben, das Schicksal von Caliban auf die Bühne des Globe zu bringen und die ganze Tragik von Eroberung und Sklaverei zum Gegenstand des elisabethanischen Theaters zu machen:

> *Als du hier ankamst, hast du mich gestreichelt,*
> *Viel hergemacht um mich, hast mir gegeben*
> *Wasser mit Beeren drin, wolltest mich lehren,*
> *Wie man das große und das kleine Licht benennt,*
> *Die brennen Tag und Nacht. Ich liebte dich dafür,*
> *Zeigte dir alle Herrlichkeiten meiner Insel,*
> *Die frischen Quellen, Salzlöcher, das Marschland –*
> *Verflucht bin ich dafür!*

27

Die Pilger um William Bradford und Miles Standish hatten von der Reise von Gosnold und Brereton gehört, bei der auch John Smith mitgesegelt war. Sie waren aus England nach Leyden in Holland ausgewandert, um ihren Glauben praktizieren zu können, und mussten nun einen Einmarsch der Spanier in die Generalstaaten befürchten. Zudem begannen ihre Kinder die tolerante Lebensweise der Holländer zu schätzen und stellten den strengen Glauben ihrer Väter immer häufiger infrage. Also kehrte die Gruppe nach England zurück, um Geldgeber für eine Überfahrt und ein Siedlungspatent des Königs vom Council for New England zu beschaffen. Nach langen Verhandlungen einigte man sich schließlich auf die Konditionen: Der Council würde zwei Schiffe ausrüsten, im Gegenzug sollten die Pilger sieben Jahre für die Kredite arbeiten. Danach durften sie ihre Schulden abbezahlen oder mussten sich andernfalls weiter der Direktion des Rates fügen. Nun fehlte ihnen nur noch ein zuverlässiger Kapitän.

John Smith suchte 1620 noch immer nach einer Gelegenheit, wieder in die Neue Welt zu gelangen. Es hatte über die Finanzierung und die Geschäfte mit den neuen Besitzungen Streitigkeiten zwischen Sir Walter Raleigh und dem Earl of Southampton gegeben: Die *adventure merchants*, die Risikokapitalgeber der City of London, waren vorsichtig geworden und nahmen für alle Kredite, die Siedlungspläne in Neuengland betrafen, Wucherzinsen. Umso wichtiger war es, Kapitäne und Offiziere zu finden, die sich mit den fremden Küsten und Völkern auskannten. Nicht nur Shakespeare hatte die Ambivalenz zwischen Schönheit und Schrecken der Neuen Welt anschaulich dargestellt, auch die Reiseberichte, die man bei den Buchhändlern von St. Paul's kaufen konnte, waren Tagesgespräch.

In diesem Zusammenhang suchten die Anführer der Pilger eines Tages John Smith auf, dessen Karte sie gesehen und studiert hatten. Sie sprachen lange mit dem Kapitän, der darauf brannte, eine weitere Reise in die Neue Welt zu unternehmen. Doch er wurde enttäuscht. Das, was Smith für seinen größten Trumpf hielt, sprach aus Sicht der Puritaner am meisten gegen ihn: Er kannte sich auf der anderen Seite des Ozeans zu gut aus und hätte sich wohl kaum dem Kommando der frommen Pilger gefügt, wenn sie erst einmal am Mündungsgebiet des Hudson angekommen wären. Denn dorthin waren ihre königlichen Siedlungspatente ausgestellt; dort durften sie sich niederlassen und ihre Schulden mit Fellen, Holz und Sassafras abbezahlen. Und doch sollte es am Ende anders kommen.

Nach immer wieder verschobener Abreise und mehr als zwei Monate dauernder stürmischer Überfahrt erreichte die *Mayflower* am Morgen des 9. November die Küste von Cape Cod. Kapitän Christopher Jones, auf den die Wahl schließlich gefallen war, versuchte, an der Rückseite des Kaps in Richtung Süden weiterzusegeln, gab aber angesichts der tückischen Untiefen und Strömungen auf und drehte bei. Seine Passagiere, die zu einer Hälfte aus Pilgern und zur anderen aus Seesoldaten, Handwerkern und Dienern bestanden, konnten ihn nicht zur Weiterfahrt bewegen.

Die Pilger nannten sich selbst in aller Bescheidenheit die »saints«, während sie alle anderen als »strangers« bezeichneten, was im Grunde ein Synonym für »Sünder« war. Jedenfalls weigerten sich die »Fremden«, im Falle eines Landgangs die Autorität der »Heiligen« anzuerkennen, weil ihre Patente und somit ihr Arbeitsauftrag nur für die Hudson-Bucht galten, nicht aber für Cape Cod. Nun war guter Rat teuer. Schließlich sprachen sich William Bradford und John Carver dafür aus, einen für alle Mitgereisten verbindlichen Vertrag über die künftige Regierungsform ihrer Kolonie aufzusetzen. Das bedeutete etwas noch nie Dagewesenes – Selbstbestimmung statt Unterordnung unter eine Krone oder ein Parlament von Königs Gnaden. So kam es am 11. November 1620 zum »Mayflower Compact«, der als eines der Gründungsdokumente der Vereinigten Staaten gilt und im State House von Boston besichtigt werden kann: »Wir, deren Namen nachfolgend aufgeführt sind, haben uns entschlossen, Gott zum Ruhm und des Fortschritts des christlichen Glaubens wegen … eine Fahrt zu machen, um die erste Kolonie in den nördlichen Regionen Virginias zu gründen, und schließen dafür feierlich und gegenseitig in Anwesenheit Gottes … einen Vertrag und vereinigen uns damit zu einer zivilen politischen Körperschaft, um uns besser zu organisieren, zu erhalten und dem uns Bevorstehenden zu trotzen und so gerechte und gleiche Gesetze, Verordnungen, Verfassungen und Ämter zu erschaffen und festzusetzen, die, wie wir glauben, dem Wohl der Kolonien am besten zugutekommen wird, und schwören, diesem immer gehorsam zu sein.«

Man wählte John Carver zum künftigen Gouverneur und betete zu Gott für eine sichere Landung. William Bradford erinnerte sich an diesen Moment Jahre später in seinem Bericht *Of Plymouth Plantation*: »So angekommen in einem guten Hafen und sicher an Land gebracht, fielen sie daselbst auf die Knie und dankten dem Herrn im Himmel, der sie über den weiten und wütenden Ozean gebracht und vor all seinen Übeln und Schrecken bewahrt hatte, um ihren Fuß wieder auf die feste Erde zu setzen, ihr angemessenes Element.«

Die Erleichterung, die aus diesen Zeilen spricht, ist unüberhörbar. Die meisten Pilger und ihre Familien waren während der langen Überfahrt seekrank gewesen und litten an Fieber und Durchfall. Es gab kaum noch ein trockenes Kleidungsstück oder Bettzeug unter Deck, von frischem Wasser oder Gemüse ganz zu schweigen. Die Seeleute hatten sie verhöhnt und angesichts der Herbststürme mehr als einmal gedroht, wieder umzukehren. Nun aber lag die Küste des so lang ersehnten Neuenglands vor ihnen, aus dem sie ihr Neues Jerusalem machen wollten.

Kapitän Jones fand einen Ankerplatz vor Long Point und ließ ein Beiboot der *Mayflower* zu Wasser. Sechzehn bewaffnete Männer begaben sich auf den ersten Landgang. Am flachen, sandigen Ufer fanden sie Stechpalmen, Walnussbäume und Zedern vor. Sie wanderten über die Dünen und hielten Ausschau, sahen jedoch keine Menschenseele. Die Indianer, von denen John Smith und John Brereton berichtet hatten, mussten entweder fortgezogen sein oder hielten sich versteckt. Die Männer kehrten auf das Schiff zurück und wärmten sich an einem Feuer aus Zedernholz, ihrem ersten Feuer in der Neuen Welt.

Der nächste Tag war ein Sonntag, der Sabbat, an dem sie sich jede Arbeit außer dem Gebet verboten hatten. Erst am Montag, dem 13. November gingen die Pilger wieder an Land, um nach frischem Wasser zu suchen. Ihre Frauen entdeckten einen Teich und machten die erste große Wäsche seit drei Monaten. Noch heute gilt der Montag in Neuengland als Waschtag. Die Männer sammelten Muscheln und machten Jagd auf Enten und Gänse. Das größte Wunder waren für sie aber die Wale, die aus den Wassern der Bucht auftauchten und bis ans Schiff herangeschwommen kamen. Ein Matrose, der früher auf einem Walfänger vor Grönland gefahren war, schätzte den Wert an Öl und Fett vor ihrem Bug auf viertausend Pfund, was die hoch verschuldeten Pilger zum Nachdenken brachte. Aber da sie weder Harpunen noch Erfahrung mit der Waljagd hatten, gedachten sie lieber des Propheten Jona und nahmen die Wale als göttliches Zeichen für kommende Gnade und Wohlstand. »Denn sie wussten, sie waren Pilger«, wie William Bradford später schrieb. Was sie dagegen nicht wussten, war, was ihnen in ihrem ersten Winter noch bevorstand.

Die Geschichte dieser ersten Tage in der Neuen Welt wird heute in den amerikanischen Schulbüchern mit der späteren Ansiedlung in Plymouth, dem ersten Thanksgiving-Fest nach der ersten Ernte und den Kämpfen gegen die Indianer im sogenannten King Philip's War von 1675 nachgezeichnet. Die Stadt Plymouth beanspruchte für sich, Geburtsort der Besiedlung von Neuengland und damit auch die Wiege der Vereinigten Staaten zu sein. Feierlich erklärte man einen Findling zum »Plymouth Rock«, auf dem die Pilger angeblich zum ersten Mal an Land gegangen waren. Man baute Museen und Denkmäler, um patriotische Touristen aus dem ganzen Land anzulocken. Diesem anmaßenden Treiben konnten die Stadtväter von Provincetown nicht länger tatenlos zusehen: 1906, rechtzeitig vor dem dreihundertsten Jahrestag der Landung, beschloss man deshalb, ein Zeichen zu setzen, und zwar ein sichtbares.

Der Stadtrat von Provincetown entschied, einen Turm zu errichten: das Pilgrim Monument, noch heute Wahrzeichen und Stolz der Stadt. Als Sieger ging aus dem Architekturwettbewerb der Entwurf von Willard T. Sears hervor, der sich den Torre del Mangia aus Siena zum Vorbild genommen hatte. Ein Sturm von Hohn und Spott brach los. Was denn die Pilgerväter mit Italien zu tun gehabt hätten, fragten die Kritiker. Nichts, antworteten die Spötter, aber vielleicht habe ja auch die Mafia von Boston ein Zeichen setzen wollen. »Wenn die Provincetowner unbedingt mit einer architektonischen Besonderheit protzen wollen, warum bauen sie dann nicht den Schiefen Turm von Pisa nach?«, höhnte ein Architekt, dessen Entwurf nicht in die engere Auswahl gekommen war. »Wenn die Kritiker die anderen Entwürfe im Rathaus gesehen hätten, dann wären sie allesamt verstummt«, resümierte Mary Heaton Vorse in ihren Erinnerungen *Time and the Town* von 1942. 1907 legte Präsident Theodore Roosevelt den Grundstein, und drei Jahre später ragte der sechsundsiebzig Meter hohe Granitturm in den Himmel über der Bay. Die Provincetowner feierten und freuten sich, dass ihr Turm bis nach Plymouth zu sehen war – denn darauf kam es schließlich an. Auf die Frage eines Reporters des *Boston Globe* nach dem »Wunderturm« antwortete ein alter, weltbefahrener Kapitän: »Der ist schon in Ordnung. Spricht doch für sich, dass er an einen portugiesischen Leuchtturm erinnert. Provincetown ist schließlich voller Portugiesen.«

Die Portugiesen waren seit dem Ende des Unabhängigkeitskrieges vor allem von den Azoren und Kapverden nach Provincetown gekommen. Sie hatten zuerst auf den Walfängern von Nantucket und New Bedford angeheuert, die auf den Azoren Frischwasser und Fleisch aufnahmen und schon hier neue Leute finden mussten, weil viele amerikanische Walfänger desertierten. So kamen die Portugiesen nach Neuengland, holten ihre Familien nach und versuchten, sich auf dem neuen Kontinent ein besseres Leben aufzubauen. Sie lernten schnell, sich der Lebensart der Yankees anzupassen. Zwar amerikanisierten sie ihre Namen, ihren portugiesischen Humor behielten sie jedoch.

Josef Berger erzählt in seinem *Cape Cod Pilot* die Anekdote des portugiesischstämmigen Schusters Joe Halfdollar, der die amerikanischen Werbemethoden zur Kunst erhob. »Im Schaufenster seines Ladens stand auf der linken Seite ein großer, von Haizähnen zerfetzter alter Seestiefel, den er am Strand gefunden haben musste – an den Rändern ausgefranst und mit einem klaffenden Loch an der Spitze. Darunter hatte er ein Schild aufgestellt, auf dem stand: VORHER. Rechts daneben ein Damenpumps mit silbernem Absatz, glänzend vor unbefleckter Zierlichkeit. Auf dem Schild davor war zu lesen: NACHHER.« Als Berger dem alten Schuster zu dieser Idee gratulierte, winkte der nur ab und sagte trocken: »Ach, das ist bloß meine Kunst.« Heute würde der Mann mit dieser Installation ins Museum of Modern Art kommen.

Joe Halfdollar war nicht der einzige portugiesische Fantasiename: Da ihre richtigen Familiennamen von den Yankees gnadenlos verstümmelt wurden, wählten sich die Männer und Frauen von den Azoren selbst englische Namen, mit denen sie sich schon bald auch untereinander anredeten: Manuel und Maria Codfish samt ihren kleinen »Kabeljaus«, Mike Molasses oder ganz modern: Miss Mabel Jazzgarter. Die weniger fantasievollen Familien ließen sich einfacher anglisieren: »Aus Perreira wurde Perry, aus Diaz wurde Deers«, schreibt Mary Heaton Vorse in *Time and the Town.* »Aber sie brachten ihre Lieder und Tänze mit, ihren Gottesdienst und das jährliche Fest, bei dem die Fischerflotte gesegnet und das noch heute gefeiert wird.« Inzwischen findet man wieder die ursprünglichen Namen von Avellar bis Duarte und Silva, und aus manchen Bars erklingen am Abend die Fados von Amália Rodrigues.

Während die Männer das tägliche Brot auf hoher See ver-

dienten, buken die Frauen und Mädchen es zu Hause. Provincetown verdankte den portugiesischen Einwanderern im 18. und
19. Jahrhundert nicht nur seinen Wohlstand als Fischereihafen,
sondern auch seine besten Bäckereien. Jedes Mal, wenn wir unseren Stadtspaziergang machen, holen Karen und ich uns ein
Stück Mandelkuchen und einen Kaffee aus der Portuguese Ba-
kery an der Commercial Street. Dann setzen wir uns auf eine
der Bänke vor der Town Hall, um der zweitschönsten Nachmit-
tagsbeschäftigung in Provincetown nachzugehen: dem »people
watching«. Hier zieht jeden Sommer Tag und Nacht ein endlo-
ser Strom von Touristen, Einheimischen und Selbstdarstellern
vorbei, die alles überbieten, was in den benachbarten Kinos anzusehen ist: Dragqueens, die als Dolly Parton oder Lady Gaga
verkleidet Werbung für ihre Shows machen, Schwule und Les-
ben in der neuesten Sommerkollektion von Marc Jacobs und
mit ihren adoptierten asiatischen Kindern, Besucher und Besucherinnen aus allen fünfzig Bundesstaaten im Wettbewerb
um das geschmackloseste Sommerkleid und das hässlichste
T-Shirt, faszinierte Europäer, die das alles fotografieren, und
gelassene Lieferanten, die ihre Getränkekisten und Lebensmit-
telcontainer im Slalom um diesen Hexenkessel herum zu den
Restaurants und Fast-Food-Buden karriolen. Dazwischen die
Teenager von Provincetown, die ausprobieren, wie schnell man
inmitten eines solchen Korsos Skateboard oder Mountainbike
fahren kann, und nicht zu vergessen die Künstlerinnen und
Künstler, die mit Bildermappen und Textbüchern ihren Ateliers
und Proberäumen entgegeneilen. Hier trifft man immer jemanden, den man kennt, oft auch ganz unverhofft. Als wir im Mai
1993 frisch verliebt durchs East End wanderten, stand plötzlich
Karens Kollegin Gertraud vom Smith College vor uns, die im

Tenure Committee saß, jenem mächtigen Gremium, das an den Colleges seine Daumen über die akademischen Festanstellungen hebt oder senkt. »Keen Bammel, ick verrod nix«, sagte sie in ihrem pommerschen Platt und ging grinsend weiter. »Was will sie nicht verraten?«, fragte ich ahnungslos. »Ich werde niemals *tenure* kriegen, wenn das rauskommt«, seufzte Karen. »Ich soll die DDR-Literatur *erforschen* und nicht mit ihr spazieren gehen.« »Ich bin nicht die DDR-Literatur«, protestierte ich. »Ich bin Rügener Heimatlyrik.« »Doesn't matter a flying fuck«, sagte Karen und küsste mich für meine literarische Aufrichtigkeit.

Wenn unser Freund Alberto in der Stadt ist, spielen wir manchmal Beruferaten, was umso mehr Spaß macht, als es selten eine Auflösung gibt. Der Besucherstrom fließt viel zu schnell vorbei, als dass wir jemanden fragen könnten. Aber es sind alle sozialen Schichten vertreten: vom Wall-Street-Banker in Armani bis zu Saisonkräften in speckigen Overalls.

In der Commercial Street gibt es neben Restaurants und Bars jede Menge Edelboutiquen und Billigläden, Souvenirshops und Galerien, Tattoo-Studios und Wahrsagerinnen. Vor der Bibliothek und dem Art House Theatre spielen Straßenmusikanten, und ab und zu kommt auch ein Weltenretter mit einem ramponierten Plakat vorbei. Insgesamt ist es noch immer eine ziemlich weiße Veranstaltung – »very WASP«, wie man in Neuengland sagt, »White Anglo-Saxon Protestant«. Man sieht nur wenige Schwarze und auch die Küchenhilfen oder Putzfrauen aus Jamaika höchstens am Abend, wenn sie an den Hintertüren der Restaurants ihre Zigaretten rauchen. »White shores indeed«, grummelt Alberto, der aus Puerto Rico stammt.

Nachts beginnen die Shows der Dragqueens, die von unterschiedlicher Qualität, aber immer gut besucht sind: ob im alten

Flaggschiff Crown & Anchor oder im angesagten Post Office Cabaret. Egal, wann man hierhinkommt, in Provincetown findet immer irgendein Fest statt: vom »Year-Rounders'-Festival« im März, das all diejenigen feiern, die es hier das ganze Jahr über aushalten, über den portugiesischen »Segen für die Fischereiflotte«, die trotzdem Jahr für Jahr schrumpft, bis zu dem »Festival of Lights« zu Thanksgiving und der »Holly Folly Fair« im Dezember. Und über allen schwebt ein Himmel aus Regenbogenfahnen. Für die Pilgerväter wäre dieser Anblick sicherlich Sodom und Gomorrha gewesen, weswegen die lockere Hafenstadt bei den frommen Bürgern von Truro und Barnstable schon früh »Helltown« hieß.

Unser Lieblingsfest ist die »Secret Garden Tour«, die die Provincetown Art Association in jedem Juli veranstaltet und bei der man sich die versteckten Gärten der Bed & Breakfasts und Inns anschauen kann, die man ansonsten nicht zu Gesicht bekommt. Die Besitzer führen die Besucher auch durch ihre Häuser, man darf sich freie Zimmer ansehen und staunen, welch ruhige Ecken und herrliche Aussichten es immer noch in Provincetown gibt. Dazu werden Tee und Gin Tonic serviert, und man kann in einer Gartenliege nachlesen, wie es im Ort vor hundertfünfzig Jahren ausgesehen hat. Denn in fast jedem Haus gibt es ein Exemplar von Henry David Thoreaus *Cape Cod*.

Der Einsiedler von Walden Pond begann 1849 mit seinen Wanderungen über das Kap, die ihn von Sandwich bis nach Provincetown führten. »Diese Stadt, die letzte auf dem Kap, zieht sich von Norden nach Süden am Strand entlang. Sie ist auf dem schmalen Land zwischen Hafen und Dünen erbaut und hatte seinerzeit etwa zweitausendsechshundert Einwohner. Ihre

Häuser stehen auf der einen Straßenseite und die Fischerei- und Lagerhäuser samt den Windmühlen und Salzwerken auf der Wasserseite. Man sagte uns, dass die vier Planken, auf denen wir gingen, vom Anteil des Einnahmenüberschusses bezahlt worden waren, den die Stadt vom Bundesstaat bekommen hatte. Dieser war für ihre Einwohner zu einem Streitfall geworden, bis die Stadtverwaltung kurzerhand beschloss, ihn einfach unter ihre Füße zu legen. Manche der Einwohner seien darüber so erbost gewesen, dass sie sich weigerten, den Weg zu benutzen, und weiterhin im Sand auf der Straße gingen.« Mary Heaton Vorse berichtet in *Time and the Town*, dass viele der alten Einwohner dies auch noch zur Zeit ihrer Ankunft im Sommer 1907 taten, was einen Einblick in die Mentalität der wahren Provincetowner gibt. Thoreau beobachtete zudem, wie sie Kabeljau und Makrelen in ihren Vorgärten trockneten, »eingezäunten Strandabschnitten voller Strandhafer, in denen man sogar noch Muscheln aufsammeln kann«.

Am meisten aber beeindruckte ihn der Hafen: »Dieser ist eine Stadt aus Segeln, die wir am Horizont gesehen hatten. Wir zählten zweihundert stattliche Schoner, die in unterschiedlicher Entfernung vom Ufer im Hafen vor Anker lagen, und immer neue kamen um das Kap herum.« Ein Fischer erzählte dem Wanderer aus Concord, dass allein die Makrelenflotte aus 1500 Schiffen bestehe, zu der die Kabeljaufänger, Muschelkutter und natürlich Walfänger noch hinzukämen. Keiner hat die Schönheit der Schoner und die Härte der Arbeit ihrer Besatzungen eindrücklicher dargestellt als Winslow Homer, der dreißig Jahre nach Thoreau an der Küste Neuenglands die Fischer und ihre Frauen malte. Seine Bilder sind in Europa bis heute kaum bekannt, doch in Nordamerika gehört er zu den großen Realisten

seiner Zeit, vergleichbar mit Adolph Menzel und Max Lieber-
mann. Womit wir von der Fischerei zur Kunst kommen.

Mit dem Eintrittsgeld zur »Secret Garden Tour« tun Besucher
auch dem ältesten Kunstmuseum der Stadt etwas Gutes, denn
die bildende Kunst hat auf Cape Cod zwar eine lange Tradition, war jedoch schon immer unterfinanziert. 1899 kam Charles
Webster Hawthorne aus New York an die Spitze des Kaps, sah
das Licht von Provincetown und gründete die Cape Cod School
of Art. Der junge Maler hatte in Manhattan als Bürodiener in
einer Glasfabrik angefangen und nachts Kunstschulen besucht,
bis das Geld für eine Reise nach Italien und in die Niederlande
zusammengespart war. Sein Lehrer William Merritt Chase galt
als der amerikanische Pionier des Impressionismus und führte
den jungen Hawthorne in die neue Malweise ein. So lernte dieser die Bilder von Monet und Whistler kennen, die zu seinen
Vorbildern wurden. Aber es waren die Meereslandschaften von
Chase, die ihn zu einer Reise aufs Kap anregten.

Hawthorne galt später als guter Lehrer, aber seine sarkasti-
sche Kritik war gefürchtet. Josef Berger erzählt darüber im *Cape
Cod Pilot* eine aufschlussreiche Anekdote: »Hawthornes Praxis
bestand darin, seine besten Schüler am gnadenlosesten zu kri-
tisieren. Diejenigen, bei denen jede Kritik hoffnungslos war,
ermutigte er mit vagen Worten, aber auf denen, die ›das Zeug
dazu hatten‹, trampelte er so lange herum, bis der Funke über-
sprang. Eines Tages machte einer seiner vielversprechendsten –
und daher am meisten tyrannisierten – Studenten den Fehler,
sich davonzustehlen und eine ›hübsche Landschaft‹ samt Highland Light zu malen. Nun war das zwar keine Sünde, aber ein
Leuchtturm birgt die Gefahr, zu einer jener ›hübsch-hübschen‹
Landschaften zu werden, die Hawthorne verachtete.

Der junge Mann brachte sein fertiges Werk ins Atelier und war stolz, als er es vor der Klasse auf die Staffelei stellte und auf die Kritik des Meisters wartete. Hawthorne war an diesem Morgen in besonders sadistischer Stimmung. Er stürmte von Leinwand zu Leinwand wie ein Zyklon und ließ nichts zurück als die Trümmer zerstörter Hoffnungen. Absichtlich hob er sich das Bild vom Highland Light bis zum Schluss auf. Als er davortrat, senkte er seine Stimme und sagte ruhig: ›Und nun kommen wir zu einem Werk, für das ich schon eine geraume Weile nach einem Titel suche, auf dass ihm Gerechtigkeit widerfahre, wenn es dereinst im Metropolitan Museum hängt. Ich denke, ich habe ihn gefunden.‹ Und mit ausgestreckter Hand verkündete er: ›Los, Papi, küss Mami!‹«

Schüler wie John Noble und Norman Rockwell ließen sich von so viel schwarzer Pädagogik nicht beeindrucken und wurden trotzdem berühmt. Hawthorne gründete 1914 die Provincetown Art Association, in der man seine Porträts von Fischern und ihren Familien bis heute sehen kann. Er starb, zu Unrecht vergessen, 1930 in New York City. Sein altes Studio steht noch heute in der Miller Hill Road.

Kunstschulen hatten nach Charles Webster Hawthornes Tod auf Cape Cod Hochkonjunktur. Als George Grosz 1939 nach Provincetown kam, verliebte er sich zwar in die Dünenlandschaft, konnte aber die Sonntagsmaler, die sie inzwischen bevölkerten, nur schwer ertragen. »An allen Ecken gibt es dort Kunstschulen«, schreibt er in seinen Erinnerungen, »und wo man hinsieht, findet man jemand mit Staffelei und Malkasten sitzen. Selbst die Sträucher am Wege sind über und über mit Farbe beschmiert. Die Wege sind bedeckt mit ausgequetschten Farbtuben und verfleckten Mallappen. Wie eine Art Veitstanz hat der Malwahn die ganze Nation ergriffen und schlägt sich auf die Landschaft nieder.« Grosz selbst hat auch auf dem Kap gemalt – und zwar erstaunlich konventionelle Landschaften mit Aktmodellen, Fischerhütten und Dünen, so als habe seine provokante Palette im sommerlichen Licht des Kaps plötzlich ihre grellen Farben verloren.

Im Sommer 2014 feierte die Provincetown Art Association ihren hundertsten Geburtstag mit einem ausschweifenden Sommerfest voller Ausstellungseröffnungen, Galadinners, Auktionen und Vorträgen und besagter »Secret Garden Tour«. Sie führte im West End vom Pilgrim Park durch die Gärten von Greg Bowe und Michael Abdella an der Point Street bis zum legendären Red Inn, das Kapitän Freeman Atkins 1805 zu seiner Hochzeit für seine Frau Emily erbauen ließ. Hier, inmitten von Rosen, Taglilien und Hortensien, enthüllte mir Lisa Kavanagh, die Gärtnerin des Inn, ein Geheimnis von Provincetown. Wir hatten uns schon lange gefragt, wie auf so mageren Sandböden eine derartige Blumenpracht erblühen konnte. »Sandböden? In den Gärten von Provincetown finden Sie die besten Böden der ganzen Welt! Ursprünglich kamen sie als Ballast mit den Seglern aus Europa, Afrika und Asien, und es sprach sich bald in allen Häfen herum, dass man bei uns mit Dreck Geschäfte machen konnte. Erde aus aller Welt gegen die Schätze des Meeres, das war der Deal.« So wanderten wir durch ein Meer von Blüten und sahen einige der elegantesten und auch der scheußlichsten Häuser des East End. Am besten ist der Blick von der Tower Bar auf dem Gull Hill, den sich keiner entgehen lassen sollte, der hier vorbeikommt. Man sieht weit über den Hafen hinaus bis zur Landspitze von Long Point und an klaren Tagen bis nach Corn Hill.

Fischkutter, die zu Hawthornes Zeiten zu den Lieblingsmotiven der Sonntagsmaler gehörten, sieht man allerdings nur noch wenige. Sie verschwinden im Provincetown Harbor hinter den Segel- und Motorjachten aus New York, Boston und Newport, von denen einige fast so groß sind wie die Walbeobachterboote der »Dolphin Fleet«. Die Kutter, die an der MacMillan Wharf liegen und meist frische Farbe benötigen, gehören den Nachkommen der portugiesischen Fischer, die noch nicht aufgegeben haben. Sie sind die Letzten, die die Restaurants der Stadt noch mit frischem Fisch beliefern. Alles andere kommt im Kühlwagen aus Boston oder Maine.

»Wie auf Rügen«, kommentiere ich das Hafenbild, während wir unseren Gin Tonic trinken. »Warum musst du eigentlich immer alles mit deiner Heimatinsel vergleichen?«, fragt Karen. »Das macht der Provinzler generell, dann fühlt er sich zu Hause. Und schließlich sind wir ja in Provincetown. Got my joke?« »Laughing my butt off«, antwortet sie und greift zum Fernglas, um die einlaufenden Kutter zu betrachten.

Die Fischerei war über zweihundert Jahre lang der blühendste Einkommenszweig des Kaps neben dem Walfang. Hatten die Pilger sich noch gescheut, zur See zu gehen, und sich mit den Fischen begnügt, die sie in den Seen und Bächen fangen konnten, so begannen ihre Nachkommen um 1740 mit der kommerziellen Kabeljaufischerei, weil die Zuckerrohrplantagen in der Karibik dringend billige Nahrungsmittel für ihre Sklaven benötigten. Die Stock- und Salzfische, welche die Cape Codder anzubieten hatten, waren dafür bestens geeignet. Ihre Kapitäne brachten im Gegenzug Rum und Zuckerrohrmelasse zurück, die sich in Boston mit beachtlichem Gewinn verkaufen ließen. Von diesem konnten die Kapbewohner größere Schiffe bauen, mit denen sie sich bis zur Georges Bank wagten und von dort ungeheure Mengen an Kabeljau und Makrelen zum Trocknen und Räuchern in Provincetown anlandeten. Hafen und Stadt rochen zu dieser Zeit, wie Josef Berger einen Reisenden gegen Ende des 18. Jahrhunderts zitiert, »wie eine große stinkende Fischfabrik«. Aber Geld stank in Neuengland noch nie, und den Kapitänen waren ein paar nörgelnde Badegäste egal. Bald gehörten die Atlantik-tüchtigen Schoner zum alltäglichen Anblick. Auch Truro und Chatham bauten ihre Häfen aus, um sich das Geschäft nicht entgehen zu lassen.

Doch all diese Herrlichkeit endete mit dem Ausbruch des Unabhängigkeitskriegs. Die Briten beschlagnahmten alle größeren Schiffe, und die Royal Navy blockierte Boston und das Kap, um jeden Schmuggel zu unterbinden, der die Kriegskassen der amerikanischen Patrioten hätte auffüllen können. Selbst kleinere Fischerboote wurden aufgebracht, wenn sie sich zu weit aufs offene Meer wagten. 1783, als der Krieg zu Ende und die Unabhängigkeit von England erreicht war, lagen gerade noch ein halbes Dutzend Kabeljaukutter an der alten Pier.

Regierung und Kongress wussten, wie wichtig die Versorgung mit frischem Fisch für die Ernährung der jungen Nation war, und gewährten nach Kriegsende großzügige Kredite zum Wiederaufbau der Fischereiflotte. Bald konnte man die Segel der Cape Codder vor Neufundland und Labrador sichten und auch in den Häfen der französischen und niederländischen Karibikinseln.

Schon 1790 fuhren wieder zwanzig Schoner von Provincetown auf den Atlantik hinaus, wie auch Henry C. Kittredge in *Cape Cod: Its People and their History* von 1930 schreibt. Bald fingen sie so viel, dass die Hälfte des Fangs schon an den Küsten

Neufundlands geschlachtet und eingesalzen werden musste. Rudyard Kiplings Roman *Über Bord* zeichnet ein eindrucksvolles Bild von der harten Arbeit auf diesen Schiffen, ebenso wie die Gemälde Winslow Homers, der diesen Seeleuten Eingang in die heiligen Hallen der Kunstgeschichte verschafft hat.

Neben den Kabeljaufängern begannen auch die Makrelen- und Heringsjäger gutes Geld zu verdienen, sodass zu Beginn des 19. Jahrhunderts durch die Fischerei über zweihundertundfünfzig Familien in Lohn und Brot standen. Dabei lebten um 1800 nur etwa neunhundert Menschen in Provincetown, während die Bevölkerungszahl auf dem ganzen Kap auf fast zwanzigtausend Einwohner gestiegen war. Das lag daran, dass Provincetown noch immer am Ende der Welt lag und auf dem Landweg nur schwer zu erreichen war. Trotzdem packten viele Seeleute, die noch wenige Jahre vorher über die »Sandbank vor Boston« gelästert hatten, ihre Seesäcke und kamen aufs Kap, um anzuheuern. 1855 segelten mehr als sechzig Schoner von Provincetown aus zu den Grand Banks, wobei schon damals die meisten Fischereikapitäne aus portugiesischen Familien stammten oder »Blaunasen« aus Nova Scotia waren, ein Spitzname, der auf die kalten Temperaturen dieser Provinz anspielt. Es gab in den Besatzungen nur wenige Yankees, aber alle waren sie entschlossen, ihr Glück mit jenem Fisch zu machen, der dem Kap seinen Namen gegeben hatte.

Aber warum fuhren die Männer von Cape Cod fast zweihundert Jahre lang lieber als Fischer zu See, anstatt bei der lukrativeren und weniger gefährlichen Handelsmarine anzuheuern? Henry Kittredge findet dafür eine aufschlussreiche Erklärung: »Die Besatzungen der Fischerboote und Schoner setzten sich aus Männern zusammen, die nicht nur Freunde seit ihren Kindertagen waren, sondern oft auch Väter, Brüder und Söhne. Jungen, deren Eltern heute zögern würden, sie auf ein Internat zu schicken, gingen damals schon mit neun oder zehn Jahren als Köche mit auf See. Aber Disziplin war nicht unbedingt ihre Sache, weswegen sie auch kaum auf ein Handels- oder gar Kriegsschiff gepasst hätten. Die Schiffsbesatzungen der Fischer von Cape Cod waren eine Art schwimmende Demokratie, wo der Tagesbefehl ›Freiheit der Rede!‹ hieß. Wenn die großen Handelsklipper beim Highland Light an den kleinen Schonern vorübersegelten, dann blickten sie oft mit Verachtung zu den abgearbeiteten Fischern hinunter. Die Fischer aber nahmen die himmelhoch aufragenden Segel bestenfalls aus den Augenwinkeln wahr, spuckten über die Reling und knurrten: ›Affen auf'm Mastbaum.‹ Und so steuerte jeder seinen Kurs.«

Vor allem Heilbutt und Kabeljau waren auf den Fischmärkten von Boston und New York gefragt. Gleichzeitig führte der Aufschwung der Schonerflotte aber auch dazu, dass immer mehr kleine Fischer ihr Geschäft aufgeben mussten, weil sie nicht mehr konkurrieren konnten. Als ich im Sommer 2010 mit den Fischern an der MacMillan Wharf über Fisch- und Dieselpreise sprach und über die Schwierigkeit, ihre Kinder ebenfalls für die Fischerei zu begeistern, hörte ich haargenau dieselben Sorgen, die ihre Kollegen dreitausend Seemeilen entfernt in den Häfen von Nord- und Ostsee umtrieben.

Von der Glanzzeit der Fischerei geblieben sind die Geschichten von legendären Kapitänen und Fischzügen samt ihren Bildern in der Town Hall, die vielmehr eine Kunstgalerie mit angeschlossener Stadtverwaltung ist. Ein Besuch hier lohnt sich. Keinesfalls verpassen darf man auch das Unitarian Universalist Meeting House mit den großen Trompe-l'œil-Bildern, die von dem Hannoveraner Carl Wendte stammen und von einem eindrucksvollen Kronleuchter der Sandwich Glass Company beleuchtet werden. Das Licht dieses alten Gotteshauses leuchtet seit 1847 jede Nacht zu Ehren der Fischer, die auf See geblieben sind.

Fischer und Künstler von Provincetown hatten nie viel gemeinsam, außer dass die einen den anderen Zimmer und manchmal auch ihre Bootsschuppen als Ateliers vermieteten und Letztere sie im Gegenzug bei der Arbeit malten oder Stücke über sie verfassten. In einem Fall sollte diese ungewöhnliche Symbiose sogar Theatergeschichte schreiben.

Mary Heaton Vorse, Journalistin und Aktivistin im Kampf für die Rechte der amerikanischen Arbeiterinnen und Arbeiter, hatte 1907 das Haus des Walfangkapitäns Kibbe Cook an der Commercial Street gekauft. Geboren 1874 in New York und wohlbehütet aufgewachsen in Amherst, war ihr die Liebe zur See in die Wiege gelegt, hatte ihr Vater, der Schiffsmagnat Charles Bernard Marvin, sein Vermögen schließlich im China-Handel gemacht. Nach dessen Tod heiratete ihre Mutter Hiram Heaton, dessen Familie das berühmte Red Lion Inn in Stockbridge besaß, eines der ältesten Hotels der Vereinigten Staaten.

Das Ehepaar konnte sich eine Hochzeitsreise durch Europa leisten, auf der die kleine Mary Deutsch in Dresden und Französisch in Paris lernte und ganze Tage in den Kunst- und Wunderkammern von Zwinger und Louvre verbrachte. Sie wäre selbst gern Malerin geworden und begann nach ihrer Rückkehr an der Arts Students League in New York zu studieren. Doch dank des ihr eigenen Sinns für Realität erkannte sie schnell, dass ihr Talent nicht ihren Ansprüchen genügte, und wandte sich, angeregt von den Schriften George Kennans, stattdessen der russischen Geschichte und Literatur zu. Bald gehörte sie zum Kreis der Boheme von Greenwich Village, wo sie im Breevort's und im Maria's an der MacDougal Street über die Arbeiterbewegung, Frauenrechte und Sozialismus diskutierte. 1898 hatte sie den Journalisten Bert Vorse geheiratet und war mit ihm und ihren beiden Kindern 1906 zum ersten Mal aufs Kap gekommen. Ihr Haus »Arequipa« wurde zu einer Art »Greenwich-Village-by-the-sea«, und die Bohemiens aus Manhattan entdeckten die Freuden der Sommerfrische. Harry Kemp, später als »Dichter der Dünen« bekannt, der Theaterenthusiast George »Jig« Cook und seine Frau, die Dramatikerin Susan Glaspell, der Reporter John Reed und seine Freundin Louise Bryant sowie die Kritiker Max Eastman und Hutchins Hapgood – sie alle gehörten bald zum festen Freundeskreis.

Nach dem frühen Tod von Bert Vorse heiratete Mary den Reporter Joe O'Brien und kaufte mit ihm die Lewis Wharf samt Fischerschuppen und Netzboden, um dort Studios und Proberäume einzurichten und wieder ein wenig Platz im eigenen Haus zu haben. In ihren Erinnerungen beschreibt sie dieses gewagte Unterfangen: »Das Fischerhaus war hundert Fuß lang und fünfzig breit. Seine hohen Türen liefen auf Schienen, und wenn man sie aufschob, sah man Hafen und Bucht im Hintergrund. Die Planken waren in großen Abständen aufgenagelt, und so konnte man die See unter der Pier hereinrollen sehen. Wir zogen die alten Boote und Netze heraus und kauften Holz für Bänke und zur Dekoration. Wir legten Holzplanken auf niedrige Sägeböcke, und schon hatten wir Sitzreihen. Unsere Dachböden durchsuchten wir nach alten Kleidungsstücken und Gardinen für Kostüme und Vorhänge. Aus diesen Resten und Fundstücken bauten wir ein Theater, das einen unerwarteten und weitreichenden Einfluss weit über die Grenzen von Provincetown hinaus haben sollte.«

Dieser Einfluss war vor allem dem alten Anarchisten und Lebenskünstler Terry Carlin zu verdanken, der im Sommer 1916 einen jungen Dichter aus dem Village mitgebracht hatte. Es handelte sich um den Sohn eines bekannten irischen Schauspielers, der mit seiner Theaterfassung des *Grafen von Monte Christo* in Amerika Karriere und ein Vermögen gemacht hatte und seine Söhne vom Theater fernhalten wollte, weshalb er sie nach Harvard und Princeton schickte.

Der Jüngere von ihnen zog es nach einem Jahr vor, zur See zu gehen, um das wahre Leben kennenzulernen. Vielleicht hatte er sich von Melville inspirieren lassen, dessen Ishmael stolz verkündet: »Ein Walfänger war mein Harvard und mein Yale.« Der Princeton-Flüchtling fuhr allerdings auf Frachtern und kam auch nur bis Argentinien. Diese Reise brachte ihn jedoch dazu, seine ersten Stücke über Seeleute zu schreiben. Er hauste in jenem Sommer zusammen mit Terry Carlin in einem Schiffswrack am Strand von Truro, wo beide den ganzen Tag damit beschäftigt waren, wenigstens bis zum Nachmittag nüchtern zu bleiben. Ihr allabendliches Ziel war das Haus von John Reed, der sie in einem leichtsinnigen Augenblick eingeladen hatte und nun versuchte, sie wieder loszuwerden. Er empfahl ihnen, sich der Schauspieltruppe anzuschließen, die George Cook im vergangenen Sommer für das Theater auf der Lewis Wharf gegründet hatte. Diese verfügte über eine Bühne, ein spielwütiges Ensemble und ein erwartungsvolles Publikum, hatte jedoch kein neues Stück parat.

»Dann nehmt doch eins von Gene, der hat einen ganzen Koffer voll«, schlug Terry Carlin der ratlosen Truppe vor.

»Welcher Gene?«

»Na, mein Kumpel, Eugene O'Neill.«

Man beraumte ein Treffen an, bei dem O'Neill seinen Einakter *Im Nebel von Cardiff* mitbrachte. Der Schauspieler Frederick Burt trug dem Ensemble das Stück vor, während der Autor nervös in einem Nebenzimmer wartete. Nach der Lesung stürmten die begeisterten Zuhörer herein, schüttelten dem verblüfften Dramatiker die Hand und versicherten ihm, schon am nächsten Tag mit den Proben beginnen zu wollen. Die Premiere wurde zur Geburtsstunde des modernen amerikanischen Theaters. »Die See hat es immer gut mit O'Neill gemeint«, erinnerte sich später die Dramatikerin Susan Glaspell. »Auch zur Premiere war sie für ihn da. Nebel stieg am Abend durch die Planken auf, genau wie das Stück es verlangte. Der Ton der Nebelglocke klang von der Hafeneinfahrt herüber. Die Flut kam zurück, strömte unter uns herein, schäumte durch die Planken und schenkte uns den Rhythmus und den Geruch der See, während der alte Seemann Yank im Sterben seinem Freund Dris erzählte, wie er sich immer nach einem Leben tief im Landesinneren gesehnt habe, wo er kein Schiff sehen und die See weder hören noch riechen musste.«

Nach dem Erfolg des *Nebels von Cardiff* schrieb O'Neill ein weiteres Seestück, dessen Geschichte er eines Abends im Haus von Mary Heaton Vorse aufgeschnappt hatte. Es war die Legende vom Walfänger Kibbe Cook, der seine Frau Viola auf eine Fangreise ins grönländische Eismeer mitgenommen hatte, welche monatelang glücklos verlief. Der Kapitän weigerte sich umzukehren, bevor eine volle Ladung Walöl unter Deck war. Die Mannschaft, die nur für ein Jahr angeheuert hatte, meuterte. Cook und sein Erster Offizier ließen die Meuterer in Ketten legen und auspeitschen, trotz des Protests seiner entsetzten Frau. Sie ging daraufhin unter Deck und blieb dort neun Monate lang, bis das letzte Fass gefüllt und verstaut war. Als das Schiff im Sommer 1904 wieder in den Hafen von Provincetown einlaufen war, verklagte die Besatzung den Kapitän und gewann den Prozess, was als unerhörter Vorfall in der Geschichte des Walfangs galt. Cooks Frau aber war über diesen Vorfall »seltsam« geworden, wie ihre Nachbarinnen hinter vorgehaltener Hand sagten. Den ganzen langen Tag schliff sie singend ihre Küchenmesser, bis sie scharf waren wie Walspaten. Beunruhigt rückte Kapitän Cook nachts schwere Möbel vor seine Schlafzimmertür und vermied es, Viola in der Küche zu begegnen. In O'Neills Stück *Ile* (»Öl«) sitzt die Frau des Kapitäns gegen Ende der Reise stumm unter Deck und antwortet nicht mehr auf die Tiraden ihres Mannes, der sie anfleht: »Annie?! Hörste mich? Ich krieg das Öl! Nur noch 'n bisschen länger, denn geht's wieder nach Hause. Jetz geht's noch nicht, das verstehste doch? Ich muss ja das Öl kriegen. Nu antworte mir! Du bist nicht verrückt – biste nicht, oder?«

Die Sommersaison 1916 wurde ein voller Erfolg. Die Kritiker kamen aus New York und Boston angereist und waren begeistert. Das ermutigte George Cook und O'Neill, ihr Stück im Herbst nach New York ins Village zu bringen. Sie nannten sich selbstbewusst die »Provincetown Players« und fanden in der MacDougal Street einen ehemaligen Ladenraum, den sie in ein Theater umbauten. John Reed, der 1919 mit seiner Revolutionsreportage aus Russland, *Zehn Tage, die die Welt erschütterten*, weltberühmt werden sollte, schrieb die Satzung für die Truppe: »Es ist das dringende Bedürfnis unserer Mitglieder, eine Bühne zu etablieren, auf der Stückeschreiber mit ernsthaften poetischen und literarischen Absichten ihre Werke ausprobieren können, ohne sie der kommerziellen Interpretation nach Maßgaben des öffentlichen Geschmacks preisgeben zu müssen.« Und George Cook ergänzte: »Sollten Schriftsteller in diesem Land in der Lage sein, das Feuer vom Himmel auf die Bühne zu holen, wir sind hier, um es zu empfangen.« Als die Truppe 1918 einen größeren Raum benötigte, weil immer mehr Zuschauer ihre Stücke sehen wollten, fand sie einen leeren Pferdestall in der MacDougal Street 133 und funktionierte auch diesen in ein Theater um. John Reed schrieb unter einen eisernen Ring, der an der Außenwand des Stalls eingelassen war: »Hier wird Pegasus festgemacht.«

Auch die Vorstellungen im Provincetown Playhouse wurden ein voller Erfolg. Zu den Stücken O'Neills kamen auf dem Spielplan die einer jungen Lyrikerin hinzu, die 1917 mit ihrem ersten Gedichtband *Renascence* auf sich aufmerksam gemacht und sich den Provincetown Players angeschlossen hatte: Edna St. Vincent Millay. Die Dichterin aus Maine hatte 1919 auch mit ihrem Stück *Aria da capo* Erfolg. Sie spielte und lebte so, wie sie schrieb: »Meine Kerze brennt an beiden Enden; / Sie brennt nur eine Nacht; / Doch Feinde, ach, und Freunde, oh – / Was für Licht hat sie gebracht!« Vom Licht ihres Spiels schwärmten die Kritiker noch dreißig Jahre nach ihrem Tod. Die Stücke O'Neills zogen von der MacDougal Street zum Broadway weiter, der Dramatiker aber blieb Cape Cod treu und kam neun Jahre lang jeden Sommer mit seiner Frau Agnes Boulton nach Provincetown zurück, wo sie in der ehemaligen Seenotrettungsstation von Peak Hill Bars lebten und arbeiteten.

Hier erfuhr O'Neill im Sommer 1920, dass er für sein Stück *Hinterm Horizont* den Pulitzer-Preis gewonnen hatte, was er mit einem Sprung in den Atlantik feierte. Sein Drama *Kaiser Jones* thematisierte die Okkupation von Haiti durch die USA und wurde zu einer ebenso erfolgreichen wie umstrittenen Produktion im Wahlkampf von 1920. Mit Charles Gilpin in der Hauptrolle trat zum ersten Mal ein schwarzer Profischauspieler bei den Players auf. Ihm folgte Paul Robeson in O´Neills *Alle Kinder Gottes haben Flügel*, das für einen Skandal sorgte, weil es die Geschichte einer Ehe zwischen einem Schwarzen und einer Weißen erzählte und die Frau ihren Mann auf offener Bühne küsste. Dieser Umstand brachte sogar die Polizei ins Theater und zog nach sich, dass einige der Szenen nur noch vom Inspizienten vorgelesen werden durften. Diese Anordnung führte natürlich nur dazu, dass jeden Abend Hunderte von Zuschauern ins Provincetown Playhouse strömten und die Truppe sich über tausend neue Abonnenten freuen konnte. Die Erfolgsserie setzte sich mit O'Neills *Haarigem Affen* fort, und die junge Bette Davis feierte 1928 ihren ersten Triumph in Virgil Geddes' *The Earth Between*. »Plötzlich war da ein Donnergrollen und Poltern, das das ganze Gebäude erschütterte«, erinnerte sie sich in ihrer Autobiografie *The Lonely Life*. »Ich dachte, ein Wolkenbruch hätte das Dach eingedrückt. Aber es war der Applaus.« Wenig später landete auch Susan Glaspell einen Erfolg mit *Alison's House*, einem Stück nach dem Leben der Dichterin Emily Dickinson, das ihr 1931 den Pulitzer-Preis einbrachte. Für *Gier unter Ulmen* und *Trauer muss Elektra tragen* erhielt Eugene O'Neill als erster amerikanischer Dramatiker 1936 den Literaturnobelpreis. Danach verstummte er für zehn Jahre und kehrte erst 1946 mit *Der Eismann kommt* auf die Bühne zurück, in dem er seinem Freund Terry Carlin und den Bohemiens des Village ein literarisches Denkmal setzte. Aber da waren die Provincetown Players bereits Legende und viele von ihnen in den Theaterhimmel über Cape Cod eingezogen.

Warren Beatty hat das Schicksal dieser amerikanischen Avantgardisten 1981 in *The Reds* verfilmt, mit Jack Nicholson als Eugene O'Neill, Diane Keaton als Louise Bryant und sich selbst in der Rolle des John Reed. Der Film gewann einen Oscar für die Beste Regie und beeindruckt neben dem grandiosen Spiel von Keaton und Nicholson auch durch Auftritte von Zeitzeugen, unter ihnen Henry Miller und Dorothy Frooks.

Mary Heaton Vorse wurde – und ist bis heute – leider so gut wie vergessen. Immerhin erinnert eine kleine Plakette an ihrem Haus daran, dass sie fast sechzig Jahre in Provincetown gelebt und viele ihrer mutigen Bücher und Reportagen hier geschrieben hat. »Wenn Provincetown eines Tages ausgelöscht werden sollte, dann wäre ich so verletzbar wie ein Einsiedlerkrebs ohne Schale. Wo auch immer ich gerade bin – ich trage Provincetown unsichtbar in mir.« So geht es bis heute vielen, die hier gelebt haben – und wenn es nur einen Sommer lang war.

Im Frühjahr 2000 bekam ich eine Einladung an die Tisch School of the Arts der New York University, um mit Studierenden George Taboris *Goldberg-Variationen* zu inszenieren. Ich hatte das Glück, im alten Provincetown Playhouse probieren zu dürfen, das noch immer in der MacDougal Street 133 stand. Nur John Reeds Pegasus-Ring war mittlerweile verschwunden. Dafür hingen im Keller, in dem sich die Schauspielergarderoben befanden, Fotos, die das alte Playhouse an der Lewis Wharf zeigten und Eugene O'Neill zusammen mit George Cook beim Einrichten der Bühne für die New Yorker Aufführung vom *Nebel von Cardiff*. Ich erzählte meinen Studenten in den Probenpausen Anekdoten aus der großen Zeit dieses kleinen Hauses und von den wilden Nächten der Bohemiens im Village. Zur Premiere schenkten mir die jungen Schauspieler einen Spazierstock aus Bambusrohr, den sie im Staub der Unterbühne gefunden hatten, als sie eines Nachts die Versenkung geöffnet und nach Requisiten aus der Vergangenheit gesucht hatten. Auf einer Karte am Griff stand: »Eugene O'Neill's Original Walking Stick – Break A Leg!« Ich nahm den Stock im Sommer mit nach Cape Cod und spazierte damit die Commercial Street hinunter, allerdings ohne dadurch irgendein Aufsehen zu erregen. »Du hättest dir ein T-Shirt drucken lassen müssen: ›Will write for whiskey‹«, sagte Karen. Aber auch das hätte wohl nichts bewirkt. Es gibt einfach zu viele Exzentriker in Provincetown, und die meisten sind mit sich selbst beschäftigt.

Einer der großen Exzentriker der Stadt war der bereits erwähnte »Dichter der Dünen« Harry Kemp, der ebenfalls in jenem legendären Sommer 1916 aufs Kap kam. Geboren 1883 in Youngstown, Ohio, war er mit siebzehn von zu Hause weggelaufen, zur See gefahren und anschließend auf Frachtzügen durch ganz Nordamerika getrampt. Seine Autobiografie *Tramping on Life* wurde 1922 zum Bestseller und brachte ihm lange vor Jack Kerouac Anerkennung als der »Hobo Poet« Amerikas ein. In New York lernte er Upton Sinclair und Eugene O´Neill kennen und schloss sich ebenfalls den Provincetown Players an. Er muss weitläufig mit Shakespeares berühmtem Clown Will Kemp verwandt gewesen sein, denn wie dieser hielt sich auch Harry Kemp niemals an den vorgegebenen Text, sondern versuchte, die Stücke, in denen er besetzt war, durch Improvisationen zu verbessern. Dieses Verhalten kam weder bei O'Neill noch bei seinen Mitspielern besonders gut an, und so musste Kemp sich bald nach einer anderen Beschäftigung umsehen.

Er annoncierte im *Provincetown Advocat*, dass er im Tausch für ein Zimmer oder eine Fischerhütte dem glücklichen Besitzer die »Handschriften eines berühmten Dichters« überlassen würde, womit seine eigenen gemeint waren. 1927 fand er eine windschiefe Hütte in den Dünen bei Peak Hill, die er mit seiner Schreibmaschine und einem rostigen Kanonenofen bezog. Kamen verirrte Wanderer vorbei, las er ihnen aus seinen neuesten Werken vor und bot sie, handgebunden, zum Kauf an. Wovon er in der Zwischenzeit lebte, blieb sein Geheimnis. Jedenfalls hielt er unbeirrt über dreißig Jahre in den Dünen durch, dichtend und trinkend. Wenige Monate vor seinem Tod entdeckte er Jesus als seinen »himmlischen Hobo« und beschloss, katholisch zu werden. Seine Freunde waren schockiert und fragten ihn, ob er den Verstand verloren hätte. »Keineswegs«, antwortete Kemp ungerührt. »Aber ich möchte Pater Duarte eine Freude machen. Er war immer so nett zu mir.« Pater Duarte war der portugiesische Priester von Provincetown. Er wollte später Harry Kemps Letztem Willen, seine Asche in den Dünen verstreuen zu lassen, auf keinen Fall nachkommen. Sunny Tasha, Harrys letzte Lebensgefährtin, entführte daraufhin seinen aufgebahrten Leichnam aus der Kirche und brachte ihn zum Krematorium von Forrest Hill. Pater Duarte rief die Polizei und bestand darauf, dass Kemps Letzter Wille veraltet und ungültig sei. Daraufhin präsentierte Sunny vor Gericht einen weiteren Letzten Willen jüngeren Datums. Ob Priester und Richter schließlich der ganzen Geschichte überdrüssig waren oder dieses letzte Testament tatsächlich echt, darüber streiten Zeitzeugen bis heute. Jedenfalls kam Harry Kemp letztlich in die Urne und von dort auf seine geliebten Dünen, über die er einst geschrieben hatte:

Bevor der Tag noch hat begonnen,

Muss ich schon fort, zu nie geseh'nen Sonnen,

Zu jenen stillen Dünen, die ich liebe,

Einsamer, wenn nicht dieser große Himmel bliebe,

Hoch über ihren Hütten, die dort schlafen,

Und Stränden, auf die Flut und Ebbe trafen,

Dunkel und schwer, doch immer wieder jung –

Geht da ein Wind, flüsternd: Veränderung.

Provincetown hat seinen exzentrischen Dichter immerhin mit dem Harry Kemp Way geehrt, in dem sich heute ausgerechnet das Health Care Center von Provincetown befindet.

Auch eine deutsche Exzentrikerin hat es einst an die Spitze des Kaps verschlagen, und zwar keine Geringere als die Tänzerin und Schauspielerin Valeska Gert, die in den Zwanzigerjahren durch ihre Grotesk-Tänze berühmt wurde und auf der Leinwand neben Greta Garbo und Rudolf Forster zu sehen war. Ihr »Tanz in Orange« und ihre »Japanische Pantomime« waren legendäre Skandalnummern des Berliner Kabaretts. G. W. Pabst besetzte sie als Miss Peachum in der Verfilmung von Brechts und Weills *Dreigroschenoper*. 1934 emigrierte sie zunächst nach London, wo sie im Tavistock Theatre und in der Conway Hall auftrat, 1939 dann nach New York, wo sie ihre Beggar Bar in Greenwich Village eröffnete. Ihre Sommer verbrachte sie ab 1940 in Provincetown, in das sie sich auf den ersten Blick verliebt hatte. »Der Ort entzückte mich schon, als ich ihn vom Schiff aus sah«, schrieb sie in ihren Erinnerungen. »Niedrige Bungalows auf Holzpfählen standen um die Bucht, leicht und elegant wie Windhunde.« Sie arbeitete sich von der Tellerwäscherin im Moor's zum Aktmodell bei Hans Hofmann hoch, in dessen Malschule sie Jackson Pollock und Tennessee Williams kennenlernte. Williams, so erzählte sie später, vermittelte ihr einen Auftritt in der Provincetown Art Association, wo sie ihre Tanznummern »Das Baby« und »Die Kupplerin« zum Besten gab; daraufhin gehörte sie zum festen Kern der Boheme. George Grosz, der Gert aus Berlin kannte und der der ideale Bühnenbildner für ihre Auftritte gewesen wäre, war zur selben Zeit wie sie auf dem Kap, scheint ihr aber aus dem Weg gegangen zu sein. Dafür kamen jedoch Charlie Chaplin und Peggy Guggenheim aus Wellfleet angereist, um sie tanzen zu sehen.

Dieser Sommer-Ruhm brachte Valeska Gert einen Auftritt im Cherry Lane Theatre in New York City ein, über den ein Kritiker im *Dance Observer* schrieb: »Miss Gert erinnert an einen weiblichen Boris Karloff mit wildem schwarzem Haar und Grimassen, die kleine Kinder zu Tode erschrecken würden.« Diese Kritik ermöglichte der Tänzerin im nächsten Sommer immerhin Auftritte im White Whale in Provincetown, zu dem Kinder ohnehin keinen Zutritt hatten. Höhepunkt des Abends war ihr »Samurai«, der nach der Zurückweisung durch seine angebetete Geisha auf offener Bühne Harakiri begeht. Die Nummer soll bei den Gästen große Heiterkeit ausgelöst haben, weil Gert ihre Performance mit einem langen Abschiedsmonolog auf Fantasiejapanisch untermalte. Provincetown war im Grunde also auch die Wiege des Postdramatischen Theaters, lange bevor es von den Gießener Professoren erfunden wurde.

Im Frühjahr 1945 wurde die Beggar Bar, zu deren Gästen auch Marcel Duchamp und Judy Garland gehört hatten und in der zeitweise Tennessee Williams kellnerte, wegen unerlaubten Alkoholausschanks – Eierlikör im Kaffee – geschlossen.

Valeska Gert ging noch einmal nach Provincetown, wo sie ein Restaurant mit Kabarett eröffnete, das »Valeska's – Different Food & Different Entertainment«. Aber ihre »Russian Cakes« aus Quark und Mehl und ihre dazu getanzten »Szenen aus der Hölle« waren selbst für Provincetown *too different*. Im März 1947 packte Gert daher ihre Habseligkeiten und kehrte, den Kopf voller Pläne, nach Europa zurück. So verpasste sie den Besuch von Marlon Brando bei Tennessee Williams, der nach Provincetown gekommen war, um für die Rolle des Stan Kowalski am Broadway vorzusprechen. Nachdem er Williams aufgespürt und in dessen dunklem Apartment die Strom- und Wasserleitungen repariert hatte, absolvierte er sein Vorsprechen, bekam die Rolle und wurde über Nacht zum Star. So will es jedenfalls die Legende.

»Valeska Gert dachte nie daran, sich an Amerika anzupassen«, schrieb später Fritz Bultman, ein Schüler Hans Hofmanns. »Sie erwartete selbstverständlich, dass Amerika sich ihr anpasste.« Ab 1951 eröffnete sie ihr Kabarett »Ziegenstall« in Kampen auf Sylt und drehte Filme, unter anderem mit Federico Fellini, Rainer Werner Fassbinder und Volker Schlöndorff. Ihr Blick zurück endet, jedenfalls was Provincetown betrifft, versöhnlich: »Die Luft war mild. Das Licht schimmerte silbern. Nach dem Labor Day war es schöner als zu irgendeiner Zeit des Jahres. Die Menschen auf der Straße waren entspannt. Sie schritten langsam und sie lächelten.« Was ihren Wahrheitsgehalt betrifft, muss man die Erinnerungen von Valeska Gert mit Vorsicht genießen, aber dass es nach dem Labor Day auf Cape Cod am schönsten ist, stimmt heute noch. Das bestätigt auch Hans Sahl in seinen Erinnerungen *Das Exil im Exil*. Sahl besuchte Provincetown zur gleichen Zeit wie Valeska Gert und traf sich dort mit John Dos Passos, Edmund Wilson und Thornton Wilder. »Cape Cod, das war für mich, der ich aus dem Faschismus kam, die Freiheit, das war das grenzenlose, überwältigende Berauschtsein von der Natur, vom Menschen, vom Wein, von der Lust und Liebe und vom Geruch der Mädchen. Cape Cod, das war die Nähe zum Menschen, die Nähe zur Wahrheit, die in kleinen Hütten wohnte, in selbstgewählter Armut inmitten von Reichtum und Überfluss. ... Das Meer ist nah und die Welt beginnt vor der Tür.« Und George Grosz schrieb: »Ich hatte die verborgenen Freuden und Schrecken des Stadtlebens von New York erfahren. Und doch bot mir Cape Cod all das und so viel mehr. Auch hier gab es Bedrohungen, Wonne und Drama – das Drohen der geballten Sturmwolken und sich brechender Wogen, die Wonnen von Gras, Sand und Bäumen, die Dramen der Ameisen, die den Pfaden des Schicksals inmitten der fantastisch geformten Dünen und hohen Gräser folgten.«

Auf Ameisen werden wir noch zurückkommen.

In diesem Sommer wollen wir endlich herausfinden, ob die Geschichte vom Auftritt Valeska Gerts in der Provincetown Art Association tatsächlich stimmt oder ins Reich der Legenden gehört. Dabei übersehen wir beinahe, dass die berühmte Institution gerade ihren hundertsten Geburtstag feiert. Dies fällt uns erst während unserer »Secret Garden Tour« auf, wo die freiwilligen Helferinnen allesamt Buttons mit einer knallbunten »100« tragen, dabei jedoch wesentlich jünger aussehen. Trotzdem nimmt sich die Direktorin Christine McCarthy Zeit, uns inmitten aller Festivitäten in ihrem Büro zu empfangen.

Das Museum der Provincetown Art Association liegt mit dem East End in der nobleren Gegend von Provincetown, wo die teuren Galerien und Boutiquen sowie die Gourmet-Restaurants zu Hause sind. Ich kann mir kaum vorstellen, dass die eleganten Ausstellungsräume bei Amtsantritt der Direktorin tatsächlich in so schauerlichem Zustand gewesen sind, wie die *Cape Cod Times* in einem Artikel berichtet hat. Damit stelle ich genau die richtige Frage. »Schauerlich ist gar kein Ausdruck«, erzählt McCarthy. »Hier hingen Spinnweben von der Decke, die stammten noch aus Hawthornes Zeiten. In drei der vier Galerieräume regnete es durch, und an den Wänden blühten Schimmelpilzkolonien. An manchen Stellen wuchsen schon kleine Bäumchen durch den Fußboden. Trotzdem kamen immer noch Leute, weil alle irgendwie stolz auf das berühmte Haus waren – nur Geld wollte keiner spenden. Als ich 2000 hier als neue Direktorin ankam, stellte ich als erste Amtshandlung einen alten Eimer unter das größte Regenloch. Das Wasser klatschte im Sekundentakt hinein, und die Besucher sagten alle: ›Mein Gott, wie schrecklich!‹ Dieser Eimer wurde mein erstes Fundraising-Instrument, denn dank ihm konnte ich jedes Mal sagen: ›Ach ja, finden Sie? Dagegen hilft nur eins – ein Scheck fürs Dach.‹ Auf diese Weise kam tatsächlich eine Million Dollar für die Renovierung zusammen. Die Idee, für Kunst Geld auszugeben, ist auf dem Kap nicht sonderlich populär. Fürs Fine Arts Museum in Boston gerne, da kann man ja anschließend seinen Namen in der Eingangshalle lesen – aber in einer Holzhütte am Ende der Welt? In meinem ersten Jahr habe ich praktisch hier gewohnt, was nicht weiter schlimm war, weil mein Apartment auch nicht größer war als dieses Büro. So lernte ich jedenfalls alle neunhundert Mitglieder der Association kennen und konnte eines nach dem anderen überzeugen, dass sich schnellstens etwas ändern müsse, weil der hundertste Geburtstag vor der

Tür stand. Solche Jubiläen wirken manchmal Wunder, und tatsächlich bekamen wir noch einmal fünf Millionen für den Neubau zusammen.«

Der moderne Neubau ist der ganze Stolz von Christine McCarthy. »New England Bauhaus« nennt man den Baustil hier, und tatsächlich erinnert der flache Bau mit der breiten Glasfront und den grauen Holzschindeln an einen Entwurf von Mies van der Rohe. Während im Altbau die Klassiker von Provincetown hängen, präsentieren McCarthy und ihre Mitarbeiterinnen hier die Moderne von Hans Hofmann bis Robert Motherwell und natürlich auch Werke von Gegenwartskünstlern wie Jim Peters oder Resia Schor. Einzig Edward Hopper fehlt.

»Hopper hasste Provincetown, die Sonntagsmalerinnen mit ihren Segelschiffen und Sonnenuntergängen ebenso wie die Abstrakten um Hofmann und seine Schüler. Er kam nie zu einer Ausstellungseröffnung und verbot sogar seiner Frau Jo, herzukommen. Sein einziger Kommentar zur gesamten Moderne war: ›So much for so little.‹ Aber schauen Sie mal.« Sie zeigt auf eine große Bleistiftzeichnung an der Wand neben ihrem Schreibtisch, einen Frauenakt im Halbprofil. »Das ist unser einziger Hopper, den hat ein Mitglied gestiftet. Die arme Jo. Dauernd musste sie für den alten Griesgram Modell stehen, und wenn sie mal nach Provincetown wollte, hat er ihr nicht mal das Auto überlassen. Sie sollten die Biografie von Gail Levin lesen, wenn Sie Hopper-Fan sind.« Und Valeska Gert? Ebenfalls Fehlanzeige. McCarthys Mitarbeiterinnen haben das Archiv der Art Association durchforscht, aber nichts über einen Auftritt finden können.

Zum Abschied schenkt Christine McCarthy uns einen Katalog der Ausstellung »Beside The Sea« von Robert Motherwell, die sie 2012 mit dessen Tochter Lise und mit Daniel Ranalli kuratiert hat. Er zeigt Motherwells Seestücke aus den Jahren 1962 bis 1967, Splash-Paintings auf Leinwand und Papier, inspiriert von der Brandung bei seinem Studio an der Bayside. Motherwell kam seit 1955 regelmäßig nach Provincetown und gründete zusammen mit dem Dichter Stanley Kunitz das Fine Arts Work Center im ehemaligen Holzlager von »Dave's Lumber«, das jungen Künstlern die Möglichkeit zu Arbeit und Ausstellung bieten sollte. Kunitz war nicht nur Poet Laureate der USA, sondern auch einer der berühmtesten Gärtner von Provincetown.

»Ich weiß schon, was du denkst«, sagt Karen, während ich auf der Bank vor dem PAAM den Motherwell-Katalog durchblättere. »›So much for so little.‹ Da haben deine Augen geleuchtet. Aber jetzt hole ich mir die Hopper-Biografie.« »Die wollte ich schon lange lesen«, nicke ich zustimmend. »Wie wäre es vorher mit einem Kaffee bei Angel Food?« Angel Food ist der Gourmet-Markt gleich gegenüber vom Museum. Der findige Betreiber hat ein paar Stühle an die Kaimauer hinter dem Parkplatz gestellt, und der Blick holt den gesalzenen Preis für den Kaffee aus Pappbechern wieder rein.

»Jetzt haben wir ja nur noch eine Verabredung«, fällt mir ein. »Wieso hast du eigentlich alles auf einen Tag gelegt?« »Weil du immer sagst, du erträgst Provincetown nicht länger als einen Tag.« »Ja, mit dir, für den mit Hopper die moderne Malerei aufhört«, nickt Karen und trinkt ihren Kaffee aus. »Alleine könnte ich tagelang durch die Galerien gehen.« »Ich weiß«, sage ich bekümmert. »So much for so little.«

Die Verabredung, die noch auf uns wartet, ist Scott Landry vom Center for Coastal Studies. Das Center erforscht seit 1976 die Walpopulationen an der Atlantikküste. Außerdem bieten seine Wissenschaftler Seminare zu Meeresbiologie und Umweltschutz für Schulen und Universitäten an und führen Datenbänke über die Bestände von Buckelwalen und Nordkapern. Mich interessiert vor allem das Programm zur Walrettung, das Scott leitet.

Von der Commercial Street führt eine schmale Zufahrt hinter der Chamber of Commerce auf die MacMillan Wharf, benannt nach Admiral Donald MacMillan, dem Arktisforscher und berühmten Sohn der Stadt. Hier geht es zu den Anlegern der »Dolphin Fleet«, der Walbeobachterflotte, zur Fähre nach Boston und zu den portugiesischen Fischerbooten, die auf Namen wie *Suzy and Sandra* oder *Little Natalia* getauft sind. Dazwischen funkelt in der Nachmittagssonne die *Ibis*, ein schlankes Aluminiumboot, auf dem Scott Landry uns bereits erwartet. Scott ist ein jungenhafter Mittvierziger, der seit zwanzig Jahren für das Center arbeitet. Seit 1984 haben die Wissenschaftler des *rescue program* über zweihundert Wale, Delfine, Seehunde und Schildkröten aus herumtreibenden Fischernetzen befreit. »Ich habe noch bei David Matilla und Stormy Mayo gelernt, die das Center mitbegründet haben«, erzählt uns Scott, während er uns die Ausrüstung an Bord erklärt. »Die *Ibis* wurde ursprünglich als schnelles Rettungsboot für die Küstenwache gebaut, entsprach dann aber nicht den Sicherheitsbestimmungen, und so haben wir sie bekommen. Ihren Namen verdankt sie der ersten Buckelwalkuh, die 1984 hier im Hafen aus einem Fischernetz befreit worden ist. Ein Jahr später kehrte sie mit ihrem Kalb zurück, und die Forscher haben sie anhand ihrer markanten Fluke identifiziert. So kam die Idee auf, die Bestände zu erfassen und zu versuchen, ihren Weg durch die Weltmeere zu erforschen.«

Auf Deck liegt ein Berg roter Bojen, die fast das gesamte Vorschiff ausfüllen. Wozu braucht die kleine *Ibis* so viele Fender? »Das sind unsere Rettungsfässer«, lacht Scott. »Schon seltsam, dass wir die gleiche Technik benutzen wie früher die Walfänger, nicht wahr? Die haben ja ihre harpunierten Wale auch mit leeren Fässern über Wasser gehalten, wenn sie nicht alle erlegten Tiere längsseits am Schiff festmachen konnten. Das ist auch unser erster Schritt, wenn wir ein Tier finden, das sich in einem Netz verfangen hat. Wir nennen es *kegging*. Diese Plastikfässer verlangsamen die Geschwindigkeit der Tiere und verhindern, dass sie abtauchen, sodass wir besser an die Netze herankommen können. Dabei müssen wir enorm vorsichtig sein, dass kein Unfall passiert wie vor ein paar Jahren in Neuseeland. Dort hat ein abtauchender Wal einen Retter mit in die Tiefe gerissen, woraufhin das Schutzprogramm von der Regierung gestoppt und erst nach Jahren wieder zugelassen wurde. Wir haben zwar die Unterstützung unserer nationalen Fischereibehörde, aber ein tödlicher Unfall könnte auch für unser Programm das Aus bedeuten. Keiner will dann mehr die Versicherungskosten tragen, obwohl mit Walbeobachtung inzwischen Millionen verdient werden.« Unterstützt wird die Arbeit des Centers durch Gelder der Fischerei- und Umweltbehörde von Massachusetts, aber auch von privaten Stiftungen und Spendern. »Hinzu kommen Hunderte von freiwilligen Helfern, ohne die unsere Arbeit nicht zu leisten wäre«, erläutert Scott, der als Programmdirektor selbst sieben Tage in der Woche auf Abruf ist. »Viele Meldungen bekommen wir von der Küstenwache, manche auch von den Fischern. Aber die sind uns gegenüber immer noch skeptisch. Sie fürchten, als die *bad boys* dazustehen, wenn sich wieder ein Wal in einem Fischernetz verfangen hat. Fast die Hälfte aller Todesfälle bei Walen und Delfinen hier an der Ostküste geht auf ›Geisternetze‹ oder auf Schiffskollisionen zurück. Während wir mit der Verlegung der Schifffahrtsrouten ganz gut vorankommen, bereiten die Netze uns die meisten Probleme. Sie werden immer größer und engmaschiger und sind absolute Todesfallen. Deswegen arbeiten wir seit einiger Zeit auch mit Studenten vom MIT zusammen, die ein Forschungsprogramm für Fischerei ohne Netze austüfteln.« Fischerei ohne Netze? Karen und ich blicken verwirrt. Scott lächelt. »Das haben wir uns zunächst auch gefragt. Aber die Kids arbeiten gerade an einem Projekt, bei dem sie den Zusammenhang des Schwarmverhaltens von Fischen mit der Meeresströmung und den Bewegungen des Planktons erforschen. Wenn sich daraus eine Möglichkeit zur netzlosen Fischerei ableiten ließe, wäre das tatsächlich revolutionär.«

Mehr will er uns nicht verraten, denn ebenso groß wie das Misstrauen der Fischer gegenüber derartigen Ideen sei das mancher radikaler Umweltschützer. Die sähen in dem Walrettungsprogramm einen Eingriff in die »natürlichen Prozesse« und behaupteten, die Wale würden von den Rettern und ihren Schlauchbooten nur traumatisiert und nach der Befreiung aus den Netzen meist sterben. »Dabei können wir mit unserem *monitoring program* inzwischen zweifelsfrei nachweisen, dass viele der befreiten Wale in der nächsten Saison auf die Stellwagen Bank zurückkommen, in einigen Fällen sogar mit einem Kalb. Aber diese Leute sind ja nicht gerade für Daten und Fakten zu haben. Das Internet macht unsere Arbeit auch nicht leichter: Die Sichtung eines verunglückten Wals spricht sich heute ja in Sekundenschnelle herum, und dann bekommen wir E-Mails und Anrufe von Leuten, die behaupten, sie stünden in spirituellem Kontakt mit dem Tier und wüssten genau, was für eine Botschaft es uns überbringen wolle. Allerdings müssten sie zunächst mit uns aufs Wasser, um mit dem Wal sprechen zu können.«

Mir gefällt der Begriff »spiritueller Kontakt«, aber Scott winkt ab. »Das sind noch die Harmlosen. Manche ziehen auf eigene Faust in Booten los und versuchen es mit Messern und Sägen. Ein Wunder, dass dabei nicht schon Schlimmeres passiert ist. Warum haben sich diese Typen bloß die Wale ausgesucht? Warum gehen die nicht in den Wald und befreien Kojoten und Waschbären aus ihren Fallen? Einer hat mir mal mit leuchtenden Augen erzählt, er habe die Dankbarkeit des Wals geradezu gesehen, dem er zu Hilfe kommen wollte. Den haben wir gerade noch rechtzeitig von dem Tier wegbekommen, bevor es um sich zu schlagen begann. Ich mache diesen Job nun schon seit zwanzig Jahren und habe noch keine Dankbarkeit seitens der Tiere erlebt. Wofür auch? Wir Menschen haben schließlich diesen ganzen Müll ins Meer gekippt. Wir sollten vielmehr dankbar dafür sein, dass die Wale uns nicht bei jeder Annäherung mit ihrer Fluke sämtliche Knochen brechen.« Macht ihm die Arbeit bei jedem Wind und Wetter trotzdem noch Spaß? »Und wie, obwohl ich als Kind nichts mit Booten und dem Meer zu tun haben wollte. Mein Vater hat bei der Küstenwache gearbeitet und mich in seiner Freizeit mit Schiffstypen und Navigation genervt. Doch dann bin ich nach dem College ausgerechnet hier gelandet.« Und was war seine bislang dramatischste Rettungsaktion? »Das war 2008 die Rettung von ›Warze‹, einer Glattwalkuh, die so hieß, weil sie besonders markante Schwielen am Oberkiefer hatte. Fast zwei Jahre lang haben wir versucht, das Netz, das sich um ihre Fluke gewickelt hatte, zu entfernen. Es rutschte immer weiter nach vorn, und wenn es sich um ihr Maul oder das Blasloch gelegt hätte, wäre sie ertrunken oder verhungert. Wir bekamen keinen Stopper an ihr fest, immer tauchte sie kurz vorher ab und verschwand. Dummerweise hatte inzwischen auch die Presse Wind von dieser Aktion bekommen und berichtete im Sommerloch von unseren scheiternden Versuchen, das Tier zu retten. Daraufhin zogen die Walflüsterer vor Gericht und versuchten, uns die Rettung durch eine einstweilige Verfügung zu verbieten. Sie hatten herausgefunden, dass wir eine neue Spezialharpune einsetzten, die mit Pfeilen ausgerüstet war, in deren Spitze Rasierklingen steckten. Die hat ein verrückter Texaner erfunden, der damit Truthähnen den Kopf abschoss – und zwar punktgenau. Ein Tierschützer hatte uns von dem Instrument erzählt. Und genauso punktgenau hätten wir mit einem Zielfernrohr bei ruhiger See die Netzseile kappen können, wenn es uns gelang, nah genug an die Walkuh heranzukommen. Schließlich schafften wir es noch rechtzeitig, bevor das Geschrei zu groß wurde und ohne dass ›Warze‹ dabei verletzt wurde. Achtzehn Monate später kam sie mit einem Kalb auf die Stellwagen Bank zurück.«

Das ist unser Stichwort, denn nebenan wird schon die *Dolphin VIII* für die letzte Walbeobachtungstour des Tages klargemacht. Scott bringt uns zurück auf die Pier und zeigt auf eine der riesigen Privatjachten. »Wenn die Walflüsterer etwas wirklich Sinnvolles tun wollen, dann sollten sie mal einstweilige Verfügungen gegen diese Luxusdampfer erwirken. Die rasen wie die Irren über den Atlantik. Achtzig Prozent der Wale in der Massachusetts Bay tragen heute Narben, die von den Schrauben solcher Boote stammen. Aber viele der Besitzer haben ja einen Daddy, der selber so einen Stinkpott steuert und sich dabei noch für einen Freund der Meere hält.«

Wir verabschieden uns und gehen zum Anleger der *Dolphin VIII*. Die »Dolphin Fleet« ist die bekannteste und größte Walbeobachterflotte auf Cape Cod. »Kapitän Avellar ist der Schutzheilige der Walbeobachtung«, lobt Peter Dykston von Greenpeace New England ihren Leiter, und sogar der *Rolling Stone* schwärmte: »Die besten Walbeobachtungsschiffe – drei Fluken hoch!« Seit 1975 operieren die Schiffe von Provincetown aus und haben seither die Daten von über 1300 Buckelwalen gesammelt, aber auch die Bestände von Finnwalen, Glattwalen und Zwergwalen im Gebiet der Stellwagen Bank erfasst. Dieses Meeresschutzgebiet, das fünfzig Meilen nördlich von Provincetown beginnt und sich auf ein Areal von achthundert Quadratmeilen zwischen Cape Cod und Cape Ann erstreckt, verdankt seinen Namen Lieutenant Commander Henry Stellwagen, der 1854 das Seegebiet der Massachusetts Bay kartografierte. Die Nähe zum Hafen von Boston erforderte genaue Angaben über die Untiefen und den Verlauf dieses Seegebiets, das wie ein Sperrriegel vor der Einfahrt liegt. Mit ihren reichen Krill- und Fischbeständen ist sie ein idealer Futterplatz für Wale und Delfine.

Als wir im Frühjahr 1994 zu unserer ersten Fahrt mit der *Dolphin VI* ausliefen, glaubte ich noch, der Name würde sich auf Friedrich Stellwagen beziehen, jenen berühmten Orgelbauer, der die Barockorgeln von Lübeck und Stralsund schuf. Schließlich hatte ich auch meinen ersten Wal im Stralsunder Meeresmuseum gesehen, wenngleich nur in Form eines Skeletts im Chor des ehemaligen Katharinenklosters. Mein erstes Orgelkonzert hatte ich Ostern 1970 in der Stralsunder Marienkirche gehört. Seitdem gehören Wale und Orgelmusik für mich untrennbar zusammen, und so war es für mich nur folgerichtig, dass man ein Meeresgebiet nach Meister Stellwagen benannt hatte. Manche Missverständnisse sind zu schön, um sie aufzuklären.

Das Stellwagen Bank National Marine Sanctuary gehört zu einem Verbund von 520 Naturschutzgebieten, die von Alaska bis zu den Florida Keys unter der Aufsicht des U.S. Fish and Wildlife Service stehen. 1992 vom amerikanischen Kongress zum Meeresschutzgebiet erklärt, tummeln sich hier heute nicht nur Wale und große Schwärme von Kabeljau und Thunfisch, sondern auch Haie, Lederschildkröten und viele Seevogelarten. Regelmäßig werden die Fischerboote und Fähren von Basstölpeln, Seeschwalben und Sturmtauchern begleitet, und selbst Eissturmvögel und Papageitaucher haben wir hier schon beobachtet.

Seit einer Abendfahrt im Sommer 2008 nehmen wir immer die letzte Partie, die als »Sunset Tour« zu den beliebtesten zählt. Uns geht es dabei gar nicht um die Sonnenuntergänge, sondern um das besonders aktive Verhalten der Wale zu dieser Tageszeit. Man kann die Buckelwale dann nicht nur bei ihren spektakulären Sprüngen, dem sogenannten *breaching*, beobachten, sie kommen bei der Jagd nach dem Krill auch sehr nah ans Boot und filtern die Kleinkrebse mit weit aufgerissenen Kiefern aus dem Wasser. Der Geruch, der dabei über das Deck weht, irritiert manchen vermeintlichen Wal-Enthusiasten allerdings. »This smells like a fuckin' fish factory!«, empörte sich einst eine Dame in grauem Leinen, die kurz zuvor noch über die Verbindung zwischen Walgesängen und Sternenkonstellationen sinniert hatte. Da Karen und ich beide in der Nähe von Fischfabriken aufgewachsen sind, macht uns der Geruch nichts aus, und manchmal gibt es dank ihm sogar mehr Platz an der Reling. Abends weht auf dem Atlantik auch im Sommer ein kühler Wind, und die Fahrt zu den Walen dauert eine gute Stunde. Man sollte also nie warme Sachen, eine Kopfbedeckung, Sonnencreme und ein starkes Fernglas vergessen.

Die Walbeobachter identifizieren die einzelnen Exemplare anhand ihrer markanten Zeichnungen auf der Unterseite der Schwanzflosse, was schon zu so schönen Namen wie »Aerospace«, »Firefly« oder »Starburst« führte. Unser Lieblings-Buckelwal war ein paar Sommer lang »Cassiopeia«, die tatsächlich ein Sternbild auf ihrer Fluke trug. Buckelwale werden bis zu dreizehn Meter lang und wiegen zwischen fünfundzwanzig und dreißig Tonnen. Sie sind in fast allen Meeren zwischen den beiden Polen zu finden, manchmal verirrt sich ein Exemplar sogar in die Ostsee. »Ossi«, der Buckelwal, der im Sommer 1989 vor Rügen auftauchte, brachte mich dazu, einen ganzen Monat mit meinem Fernglas auf dem Hochuferweg zwischen Sassnitz und Stubbenkammer zu patrouillieren – leider erfolglos. Aber seit 1995 haben Karen und ich Wale auf allen Weltmeeren beobachtet – von Cape Cod bis Kaikoura in Neuseeland. »Das Erscheinen des Leviathans wird noch erstaunlicher dadurch, dass es so selbstverständlich geschieht«, schreibt Philip Hoare, Autor von *Leviathan: Auf der Suche nach dem mythischen Tier der Tiefe*.

Dem Finnwal widmet Melville in *Moby-Dick* ein längeres Kapitel und bemerkt: »Sein hervorstechendes und ihm eigentümliches Merkmal, die Rückenfinne, der er seinen Namen verdankt, ist oft weithin sichtbar. ... Liegt die See im Allgemeinen still und die dem uralten Sonnenzeiger ähnliche Finne steht darauf und wirft ihren Schatten über die gefurchte Fläche, so sieht es wohl aus, als sei ihr wässriger Umkreis das Ziffernblatt einer

Sonnenuhr mit dem Zeiger und den eingegrabenen, leise wogenden Stundenlinien.«

Der Finnwal ist der zweitgrößte Wal nach dem Blauwal und nach ihm auch das zweitgrößte Säugetier der Welt. Er wird bis zu fünfundzwanzig Meter lang und wiegt bis zu achtzig Tonnen. Finnwale sind in Wassertiefen bis zu zweihundert Metern beobachtet worden und bringen es beim Schwimmen auf dreißig Stundenkilometer, weswegen sie bei den Walfängern *greyhounds of the sea* hießen. Auch sie sind in allen Weltmeeren zu Hause. Der dritte, weitaus seltenere Wal, der nur manchmal auf der Stellwagen Bank gesichtet wird, ist der Atlantische Nordkaper. Er gehört zu den Glattwalen, weil er im Gegensatz zu den Buckel- und Finnwalen keine gefurchte Kehle hat. Die Walfänger nannten ihn einst *right whale*, den »Richtigen«, weil er langsamer als andere Wale schwamm und nach dem Harpunieren nicht im Meer versank.

Fast alle Glattwale gelten als gefährdet und stehen seit 1937 unter Schutz, was bisher nicht viel bewirkt hat. Da die Glattwalkühe erst ab ihrem sechsten Lebensjahr und dann auch nur alle drei bis vier Jahre ein Kalb gebären, findet man sie immer seltener. Melville schrieb über den Glattwal: »Er ist der verehrungswürdigste aller Leviathane, denn er ist der erste, auf den der Mensch regelrecht Jagd gemacht hat. Bei den Waljägern führt er die verschiedenartigsten Bezeichnungen: Walfisch, Grönlandwal, Schwarzer Wal, Großer Wal, Echter Wal, Glattwal. Er ist der große Mysticus der englischen Naturforscher.«

Die »Dolphin Fleet« unter Kapitän Avellar ist nicht nur für ihre garantierten Sichtungen bekannt, sie zeugt auch davon, dass die Urenkel der portugiesischen Walfänger umweltbewusste Walbeobachter geworden sind. Ein weitaus friedlicheres und beinahe ebenso einträgliches Geschäft, das von Jahr zu Jahr mehr Kunden verzeichnet. Auch für uns ist jede Fahrt aufregend wie die erste und eine Reise zurück in die Kindheit, als wir mit Ishmael und Queequeg, mit Jim Hawkins und Long John Silver und mit Kapitän Nemo unterwegs waren.

Sobald das Schiff seinen Bug um die Spitze von Long Point nach Norden dreht, beginnen wir vom Oberdeck aus, den Atlantik abzusuchen, seit im Sommer 2012 der erste Buckelwal schon kurz hinter Race Point auftauchte. Die Plätze auf dem Oberdeck, und dort möglichst weit vorn, sind die besten; hier hat man die beste Aussicht und sieht die Wale zuerst. Natürlich gibt es unter den erfahrenen Passagieren immer die unausgesprochene Hoffnung, den ersten Blas noch vor dem Skipper oder den Walbeobachtern zu entdecken. Doch das einzige Tier, das wir jemals vor der Crew entdeckt haben, war ein Weißer Hai, der plötzlich an der Backbordseite auftauchte und nach dem großen Geschrei, das er damit auslöste, ebenso plötzlich wieder verschwand.

Während die Neulinge noch quasseln oder Hot Dogs kauen, stehen wir Eingeweihten schon mit unseren Ferngläsern an der Reling und beobachten, in welche Richtung die Crew auf der Brücke blickt, weil sie im Funkkontakt mit den anderen Schiffen steht. Deswegen sind sie auch immer die Ersten, die eine Sichtung melden: »Twelve o'clock ahead, a fin whale« – »Finnwal auf zwölf Uhr!« Dann beginnt das große Drängeln an der Reling. Die Sichtungen werden nach dem Zifferblatt-Prinzip verkündet: Zwölf Uhr ist am Bug, sechs Uhr am Heck, neun Uhr ist backbord und drei Uhr steuerbord. So können sich auch all diejenigen orientieren, die von nautischen Bezeichnungen keine Ahnung haben.

Von dem Moment an, wo der erste Blas oder die erste Finne gesichtet wird, verwandeln sich die Erwachsenen in Kinder. Sie drängeln, schubsen, schreien und gestikulieren und wiederholen dabei das ewig gleiche Mantra: »Oooh my Goood – loook at thaaat! Whoah! Holy shit! Did you see that, honey? Did you get a picture? Oooh my Goood, over theeere!« Als erfahrener Stellwagen Banker lächelt man nachsichtig über solche Ausbrüche – man war ja schließlich selbst einmal so. Doch innerlich klopft auch das eigene Herz noch wie beim ersten Mal, wenn sich plötzlich der Walbuckel dicht vor oder neben dem Schiff aus dem Wasser hebt. Einmal haben wir sogar erlebt, wie eine ganze Schule Buckelwale Heringe jagte, indem sie den Schwarm in einen Vorhang von Luftblasen einschloss bei ihrem sogenannten *bubble net hunting*. Das Wasser schien zu kochen, als die Wale es durchpflügten, und die Basstölpel schossen wie weiße Pfeile aus dem Himmel, um an dem großen Gelage teilzuhaben. Doch am schönsten ist der Moment, wenn ein Wal nach der ersten Sichtung abtaucht, der Skipper die Motoren auf langsame Fahrt drosselt und das Schiff fast lautlos übers Meer gleitet. Alle scheinen den Atem anzuhalten, als wollten sie den Wal durch kein überflüssiges Geräusch verscheuchen. Die »Ohs« und »Whoas« verstummen, und sogar die Kinder stehen andächtig an der Reling. Und wenn dann der Blas aufsteigt und der gewaltige Rücken plötzlich die Wasseroberfläche durchbricht, sich rundet und die Fluke steil in den Himmel aufragt, dann brandet manchmal sogar Applaus auf, als hätte der Wal gerade eine besonders gelungene Vorstellung abgeliefert. Während die Kameras und Handys unablässig klicken, erzählt die Bootscrew, welches Exemplar sich da gerade präsentiert, wann das Tier zum ersten Mal gesichtet wurde, wie oft es schon auf die Stellwagen Bank zurückgekommen ist und ob es Nachwuchs im Schlepptau hat. Sie machen auf besondere Zeichnungen der Rückenflossen aufmerksam, auf Narben oder bizarre Schwielenformationen und erklären, woran man Bullen von Kühen unterscheiden kann.

Auf einer solchen Fahrt lernen wir Nancy Scaglione-Peck kennen, die seit 1996 auf den Schiffen der »Dolphin Fleet« mitfährt. Sie stammt aus Boston, hat Biologie studiert, dann als Lehrerin und als Freiwillige am New England Aquarium gearbeitet. »Mein Abenteuer mit den Walen begann 1986, als wir drei gestrandete Grindwale gerettet haben«, erzählt sie uns, während wir auf den Atlantik hinausfahren. »Seitdem wollte ich jeden Sommer zurück aufs Cape und für das Center arbeiten. Inzwischen habe ich hier meinen Mann kennengelernt und unterrichte wieder an einer High School. Und jetzt muss ich auch noch ein bisschen Unterricht machen, bevor der erste Wal auftaucht.« Damit greift sie zu den laminierten Karten des Seegebiets mit mehreren Walabbildungen und beginnt zu erklären, wie man die Wale schon anhand der unterschiedlichen Formen ihrer Blasfontänen unterscheiden kann: breit und buschig beim Buckelwal, hoch und schmal beim Finnwal und eine gerade, bis zu zehn Meter hohe Säule beim Blauwal.

Anschließend lässt sie ein Bartenstück aus dem Maul des Buckelwals herumgehen, um zu erklären, wie Bartenwale den Krill und kleine Fische aus dem Meerwasser filtern. »Die Tiere brauchen jeden Tag viele Tonnen Nahrung, um sich eine ausreichende Speckschicht für den Winter anzufressen. Deswegen kommen sie her, und deswegen ist es auch wichtig, sie so wenig wie möglich dabei zu stören.« Der Skipper verlangsamt die Fahrt, der erste Wal scheint in Sicht gekommen zu sein. »Für die

Annäherung gibt es klare Regeln«, sagt Nancy. »Keine Anfahrt von vorn, sondern immer nur von hinten, in einem schrägen Winkel, sodass der Wal jederzeit vom Schiff wegtauchen kann. Niemals dichter heran als dreißig Meter, und sollte das Tier von sich aus näher kommen, die Motoren sofort in Leerlauf schalten. Begegnen wir plötzlich einer ganzen Schule, niemals zwischen die einzelnen Tiere fahren und nie länger als fünfzehn Minuten bei einem einzelnen Wal bleiben. Wir wollen jeden Stress und natürlich auch Unfälle vermeiden, die mit den Sportbooten viel zu oft vorkommen.«

Der erste Blas ist jetzt deutlich zu sehen und steigt etwa fünfzig Meter vor uns auf – ein Buckelwal. Nancy nimmt ihr Fernglas und sagt nach kurzem Blick: »Das ist Dyad, eine alte Bekannte. Sehen Sie die glatte Fläche, die sie beim Abtauchen auf dem Wasser hinterlässt? Man nennt das den *fluke print*. Die Walfänger hielten ihn früher für einen Ölfleck und versuchten, diese Stelle zu umfahren, weil es angeblich Unglück brachte, darüber hinwegzusegeln.«

Für die Vorfahren von Kapitän Avellar bedeutete jeder harpunierte Wal ein kleines Vermögen. »Da schwimmt die Bank von England!«, feuerte Mr. Stubb, der Zweite Steuermann in *Moby-Dick*, seine Bootsmannschaft bei der Jagd an. Als Cape Codder erkannte er auf einen Blick, wie viel Öl ein bestimmter Wal liefern würde. »Das ist ein Hundertfässer, Jungs, lasst den bloß nicht entkommen! Ein Hundertfässer, sag ich euch, und kein Fass weniger!« Nachdem die Pilger von den Indianern des Kaps die vielfältigen Verwertungsmöglichkeiten eines Wals gelernt hatten, gingen auch sie auf die Jagd und kochten Öl für ihre Lampen, zogen Kerzen aus dem Spermaceti, dem besonders feinen Öl aus dem Kopf des Pottwals, und schnitten aus seiner Haut Leder für ihre Schuhe und Gürtel. Es war ebenfalls Walöl, das später die Getriebe der industriellen Revolution in Europa und Nordamerika schmierte; Walöllampen erhellten die Manufakturen und Fabrikhallen, Walöl erleuchtete die Londoner City und die New Yorker Wall Street.

Aber weder die vielen Kampagnen von Greenpeace noch die der Sea Shepherds um Kapitän Paul Watson haben verhindern können, dass die Zahl der Wale Jahr für Jahr abnimmt. Das liegt nicht nur an den ewig gestrigen Waljägern zwischen Island und Japan, sondern auch an der steten Verringerung ihrer Nahrungsgrundlagen durch die Überfischung und Versauerung der Meere. »Was wir mit fremden, intelligenten Lebensformen auf anderen Planeten anfangen würden«, schrieb John C. Lilly in seinem Buch *Man and Dolphin* von 1961, »das kann man sich sehr gut vorstellen, wenn man sieht, was wir mit dem intelligenten Leben auf unserem eigenen Planeten tun – mit den Walen.«

Im 21. Jahrhundert sollte auch dem Letzten klar geworden sein, dass eine wirklich intelligente Spezies wohl kaum alle Anstrengungen unternehmen würde, sich selbst möglichst schnell und umfassend auszurotten, nur weil sie nicht bereit ist, auf ein paar billige, aber tödliche Bequemlichkeiten zu verzichten.

Uns erscheint es jeden Sommer wie ein Wunder, dass wir auf der Stellwagen Bank überhaupt noch so viele Wale sehen können, und auch wir vergessen dann für Momente, wie bedroht diese Wunder der Natur sind. Doch ergebnislose Klimakonferenzen und die folgenlosen Prognosen der Wissenschaftler erinnern uns schnell wieder daran, was die Stunde geschlagen hat.

Auf der Rückfahrt sitzen wir noch eine Weile mit Nancy zusammen, die geduldig Fragen der Passagiere beantwortet und nebenbei ihre Beobachtungen in ein Formblatt des Centers einträgt. »Ich mache das jetzt schon seit achtzehn Jahren, und es ist immer noch so aufregend wie am ersten Tag. So viele Dinge verlieren mit der Zeit ihre Faszination – Städte, Kunstwerke, sogar Menschen, für die wir uns einmal begeistert haben. Beim Meer und bei den Walen passiert das nie – mir jedenfalls nicht.« Langsam geht die Sonne jenseits der Bucht unter, und wir fahren am Leuchtturm von Wood End auf Long Point vorbei. Hierher machen wir fast jeden Sommer einen Spaziergang über die lange Steinmole, die vom Provincetown Inn eine knappe Meile durch die Bucht zu einem der abgelegensten Strände an der Spitze des Kaps führt.

Um 1846 lebten auf Long Point noch mehr als sechzig Fischerfamilien samt Schule, Postamt und sechs Windmühlen. Aber die Stürme und Gezeiten überschwemmten die Landspitze so häufig, dass sie schließlich ihre Häuser auf Flöße setzten und über die Bucht nach Provincetown verschifften. Noch heute kann man diese Häuser an einer blauen Plakette erkennen, auf der ein weißes Holzhaus auf einem Floß schwimmt. Die Angst vor Kriegsschiffen der Südstaaten, die im Nordatlantik operierten und bis zu den Azoren fuhren, um die Walfänger der Nordstaaten aufzubringen, führte zu der Entscheidung, zwei Forts auf Long Point zu errichten. Diese wurden mit Kanonen bestückt und sollten die Hafeneinfahrt beschützen. Die Südstaatler ließen sich jedoch bis zum Kriegsende nicht blicken, weshalb die beiden Forts von den Cape Coddern die schönen Namen »Fort Nutzlos« und »Fort Lächerlich« erhielten und heute unter Dünensand verschwunden sind. Aber das Licht von Long Point Lighthouse, das schon 1826 errichtet wurde, leuchtet noch immer über den Hafen. Einmal paddelten wir mit einem Kajak von Provincetown hier herüber, und ein Jachtbesitzer im Hawaiihemd winkte uns zu und röhrte: »Keep rowing! The nice part comes when the pain stops!« Die Anstrengung lohnt sich tatsächlich, denn wenigstens findet man solche Leute hier nicht. Dafür jede Menge Strandgut und Treibholz, *flotsam and jetsam*, aus dem sich Strandläufer Wigwams bauen und tagelang darin kampieren. Wir tauften eine kleine Sandbank, deren Haken an eine berühmte Nase erinnerte, auf »Cape Ringelnatz« und hissten auf ihr eine Fahne aus einem Stück Segeltuch, das Karen mit einer Seepferdchenzeichnung verziert hatte.

Einmal sahen wir hier ein großes Stück Treibholz auf einer Düne liegen, das im Abendlicht wie eine schlafende Seeschlange aussah. So muss es auch dem legendären Stadtausrufer von Provincetown George Washington Ready gegangen sein, der in einer schriftlichen Erklärung beschwor, bei Herring Cove eine Seeschlange gesehen zu haben, die aus dem Atlantik gekommen und im Pasture Pond wieder verschwunden sei. Nachdem er der Stadtverwaltung von Provincetown einen ausführlichen Bericht über das Seeungeheuer, über seine Größe und sein Äußeres gegeben hatte, den Josef Berger zitiert – »dreihundert Fuß lang und zwölf Fuß im Durchmesser, mit Schuppen so groß wie Fassdeckel, in Grün, Rot und Blau, und einem Maul mit vier Reihen von Fangzähnen, die wie Elfenbein schimmerten, und einem Horn von acht Fuß auf der Nase« –, unterschrieb er seinen Bericht mit den Worten: »Ich, George Washington Ready, bezeuge hiermit, dass der vorangehende Bericht korrekt ist. Er beinhaltet eine wahre Beschreibung der Seeschlange, wie sie mir an diesem Morgen erschienen ist, und ich war nicht durch Massen von Branntwein oder ähnlichen Substanzen beeinflusst. Gezeichnet George W. Ready.«

Auch wir glauben an Seeschlangen, seitdem wir die von Elihu Vedder auf den Dünen von Long Point gemalte im Metropolitan Museum entdeckt haben. Und wir denken an Emily Dickinson, die berühmteste Studentin unseres College, die in ihrem Zimmer in Amherst vom Meer träumte, ohne es jemals gesehen zu haben:

> *Als ob das Meer sich teilte*
> *Und zeigt ein weiteres Meer*
> *Und das – noch eins – und alle drei –*
> *Nichts als Vermutung wär –*

So fühlt man sich auch auf den Dünen von Long Point, wo der Blick weit auf den Atlantik hinausgeht und grenzenlos wird. Manchmal tut es gut, sich wie die einzigen Menschen auf Cape Cod zu fühlen, wenn gerade kein Schiff und kein Flugzeug am Horizont zu sehen sind. Doch dann sind wir auch wieder froh, in der Dämmerung über den Steindamm zurückwandern zu können, zu den Segnungen der Zivilisation, wie Restaurants, Buchhandlungen und *liquor stores*.

Nach jeder Fahrt zu den Walen gehen wir noch auf einen Drink ins Vorelli's in der Commercial Street, wo wir einen Stammplatz am Fenster neben der Galionsfigur einer verwitterten Nixe haben. Essen muss man hier nicht zwingend, aber die Martinis sind ausgezeichnet. Bevor der Lärm der Dinnerpartys und die Baseballspiele im Fernseher über der Bar losgehen, verlassen wir das Lokal wieder und gönnen uns noch einen Abendspaziergang zu unseren Lieblingsgeschäften, die bis spät in die Nacht geöffnet haben: zum Provincetown Bookstore, der alles führt, was je über das Cape geschrieben wurde, zu Marine Specialties, einer Art *Army, Navy and everything else store,* wo man neben Marineuniformen, Schiffsausrüstungen und Seestiefeln auch Landkarten, Netzkugeln und alte Schallplatten erwerben kann, und zu Lady Galadriel, benannt nach einer Figur aus dem *Herrn der Ringe,* das im letzten Sommer allerdings seine Pforten schließen musste. Die »Lady« führte das schönste Schmuckgeschäft von Provincetown und hatte die beste Auswahl an Perlen, Korallen und Muschelschmuck. Zum Abschied sagte sie elegisch: »Night is falling. I have come to journey's end. White shores are calling. You and me will meet again.« Erst auf der nächtlichen Straße nach Truro, als wir den Mond über Pilgrim's Lake bewunderten, fiel mir ein, dass diese Zeilen tatsächlich aus dem Abschiedslied im *Herrn der Ringe* stammten. Vielleicht war da tatsächlich die echte Lady Galadriel für ein paar Jahre an den Atlantik zurückgekehrt, ich habe leider nie auf ihre Ohren geachtet.

Nachts sitzen wir noch eine Stunde auf der Veranda unseres Cottage und sehen die Lichter von Long Point und vom Pilgrims Monument herüberblinken. Drinnen ertönen die alten Walfänger-Shantys, die A. L. Lloyd in den Häfen dieser Welt gesammelt und gesungen hat:

> *They thought the stars were set alight*
> *By some good angel every night*
> *A hundred years ago.*

Truro

Cape Cod Girls
They have no combs
They comb their hair
With codfish bones

Cape Cod Boys
They have no sleds
They slide down hill
On codfish heads

Cape Cod Cats
They have no tails
They lost them all
In Nor'east gales
Folksong (um 1850)

Truro ist der Ort, durch den Cape Cod unser zweites Zuhause geworden ist und dem ich mein Interesse an der Geschichte und den Geschichten seiner Bewohner verdanke. Dabei begann die Entdeckung unseres abgelegenen Refugiums ganz zufällig.

Das Semester an Amherst und Mount Holyoke endete Mitte Mai. Nach der feierlichen Diplomübergabe, bei der ich Karen zum ersten Mal mit Robe und Doktorhut hatte vorbeiwallen sehen, packten wir unsere Taschen und fuhren los. In Truro sollten wir die Schlüssel für unser Cottage bei einer Agentur in der Center Road abholen. Doch außer ein paar grauen Holzhäusern war von Truro nichts zu sehen. Schließlich entdeckten wir ein kleines Postamt und fragten, wo wir das Zentrum von Truro Center finden könnten. »You're right there, honey!«, lautete die fröhliche Auskunft der Postfrau. Klar – wo die Post ist, ist das Zentrum. Außer der Post bestand es aus einem winzigen Lebensmittelladen namens Jam's, einem Fischgeschäft und, tatsächlich, der gesuchten Agentur, wo man uns die Schlüssel und eine Karte für den Weg nach Corn Hill in die Hand drückte. Wir folgten der Castle Road, die durch niedrige Kiefernwälder und Salzwiesen zur Bay führte und dann, an einer Reihe knallbunter Strandhäuser und einem hohen Fahnenmast vorbei, hinauf zum Corn Hill. Dort begrüßte uns ein verwittertes Holzschild: »Corn Hill Cottages. Resident Parking Only.«

Vom Parkplatz liefen wir einen schmalen Sandweg hinauf und standen vor zehn kleinen Holzhäusern mit einem atemberaubenden Blick über die Bucht. »This is it«, sagte Karen. »Was denkste?«

Ich dachte gar nichts. Ich war sprachlos. Nur einmal zuvor in meinem Leben hatte ich ein solches Licht über dem Meer gesehen. Das war auf der Heimreise von meinem ersten Fischzug, als ich auf dem Vorschiff unseres Kutters saß und plötzlich im Abendlicht Kap Arkona am Horizont auftauchte. Genau solch ein Licht wie aus flüssigem Kupfer strahlte jetzt von der gegenüberliegenden Küste und spielte auf Strand und Dünen.

Wir schlossen Cottage Nummer 7 auf und wandelten durch die Räume wie im Traum. Dunkle, gebeizte Fichtenholzwände voller Seekarten und alter Stiche, eine Möbelsammlung aus Shaker-Schaukelstühlen, Adirondack Chairs und leicht ramponierten Lehnsesseln aus dem goldenen Zeitalter Mark Twains, Bücherregale bis zur Decke und draußen einer kleinen Veranda. Eine schmale Holztreppe führte unters Dach, wo sich die beiden Schlafzimmer befanden, eines zur Landseite und das zweite mit Ausblick über die Bucht bis nach Provincetown, an dem lautlos die Möwen vorbeisegelten. »Home, sweet home«, sagte Karen. »Lass uns die Sachen holen. Oder möchtest du lieber ein Motel mit Wasserbetten und Jacuzzi?«

Wir packten aus, liefen den steilen Sandweg zum Strand hinunter und wanderten beim Sonnenuntergang bis zum Pamet River, der an beiden Ufern durch eine Steinmole geschützt wird und träge in den Atlantik fließt. Möwen warfen aus großer Höhe Muscheln auf die Granitblöcke und stürzten sich, sobald die Schalen zersplittert waren, kreischend auf ihre Beute. Seeschwalben, die entlang der abgezäunten Dünen nisteten, flogen zeternd dicht über unsere Köpfe hinweg, und ein Segler lief in den kleinen Hafen ein. Auf dem Rückweg gingen wir über den verlassenen Parkplatz zu dem Fahnenmast mit müden Stars and Stripes, unter denen auf einem Findling eine Bronzetafel angebracht war, die verkündete: »Sechzehn Pilger, angeführt von Miles Standish, William Bradford, Stephen Hopkins und Edward Tilley, fanden an dieser Stelle den kostbaren Indianer-Mais und gaben ihr deshalb am 16. November 1620 den Namen CORN HILL. – Und es war Gottes gute Vorsehung, dass wir diesen Mais fanden, denn andernfalls hätten wir nicht gewusst, was wir tun sollten. – *Mourt's Relation*«.

»Wir schlafen in der Wiege von Gottes Eigenem Land«, sagte ich beeindruckt. »Gegründet auf einen Diebstahl«, ergänzte Karen. »Oder glaubst du, die haben die Indianer gefragt? Solche Hypokriten!«

Die sechzehn Pilger unter Führung von Miles Standish brachen am 15. November 1620 auf, um das Landesinnere zu erkunden. Noch immer hatten sich keine Indianer sehen lassen, obwohl alle Reiseberichte erwähnten, dass Cape Cod besiedelt sei. Was die Männer nicht wussten: Neben der Tatsache, dass die Europäer, die vor ihnen gekommen waren, die Pocken eingeschleppt und die Wampanoag auf dem Kap damit besonders grausam getroffen hatten, waren die Eingeborenen nach zahlreichen Entführungen und Raubzügen der weißen Männer misstrauisch geworden und hatten ihre Feuerwaffen zu fürchten gelernt. Sie beobachteten nun die Neuankömmlinge, die sich mit ihren Musketen und Säbeln über die Dünen schleppten, aus sicherer Entfernung vom Waldrand aus. Nach einem mühsamen Marsch im kalten Novemberwind kamen die Männer an einen Hügel, wo sie ein Nachtlager aufschlugen und ein Feuer entzündeten, das auf der *Mayflower* gesehen wurde. Am nächsten Morgen fanden sie nach einem dürftigen Frühstück aus Schiffszwieback und Brandy an einer kleinen Anhöhe eine Quelle mit frischem Wasser, die sie vorm Verdursten rettete. Sie brachen auf und kamen nur langsam voran, zumal einige von ihnen schon unter Fieber und Schüttelfrost litten. Bald erblickten sie Stoppelfelder, auf denen offenbar Mais angebaut worden war. Sie folgten einem schmalen Pfad und kamen an ein frisches Gräberfeld, das sie unberührt ließen. Am Strand sahen sie ein französisches Schiffswrack und erreichten schließlich die Mündung des Pamet River, wo Reste einer Befestigung darauf hindeuteten, dass es hier einmal ein Fort gegeben hatte. Das Schicksal seiner Bewohner muss sie beunruhigt haben, zumal sie frische Fußspuren entdeckten, die nur von Indianern stammen konnten.

Die Pilger folgten der Spur und kamen an einen Hügel, an dem ihnen frisch aufgegrabene und wieder festgeklopfte Stellen auffielen. Da es sich nicht um Gräber handelte, wühlten sie mit ihren Säbeln darin herum, bis sie auf geflochtene Schilfkörbe stießen, die mit frischem Mais gefüllt waren. Dies war ein heikler Fund, denn offenbar handelte es sich um Vorratskammern der Indianer. Doch ihre Vorräte auf dem Schiff waren so gut wie erschöpft, und ob das Saatgut, das sie aus der Alten Welt mitgebracht hatten, im nächsten Frühjahr aufgehen würde, war fraglich. Den Mais einfach zu stehlen, konnte aber schnell zu Feindseligkeiten führen, die sie vermeiden wollten. Am Ende versicherten die Pilger sich gegenseitig, dass sie den Indianern den Mais nach ihrer ersten Ernte ersetzen würden. Die Männer schütteten ihn in einen Eisenkessel und machten sich auf den Weg zurück zum Boot. Ein paar Wochen später segelten sie weiter nach Plymouth, weil ihnen die Böden des Kaps für ihre Landwirtschaft zu kärglich erschienen.

Von den Indianern ist auf der Gedenktafel bei Corn Hill keine Rede, obwohl der Pamet River nach dem Stamm benannt wurde, der hier seit Tausenden Jahren siedelte. Es tauchte jedoch ein Indianer im offiziellen Staatssiegel von Massachusetts auf, allerdings mit einem Säbel über seinem Kopf und dem Spruchband »Come over and help us!«. Das Spruchband ist inzwischen verschwunden, doch das Land gehört noch immer den Nachfahren der *Mayflower*-Pilger. Wenn man in Neuengland andeuten will, dass jemand zu den alten Familien der Kolonie gehört, sagt man: »Well, their folks came with the *Mayflower*.« Was nicht immer als Kompliment gemeint ist.

Die Pamet, oder Payomet, schätzten den Strand und das Marschland von Truro wegen der vielen Strandungen von Grindwalen, die bis heute geschehen, und des Reichtums an Muscheln und Fischen. Sie wagten sich aber auch in ihren Kanus mit Speer und Harpune auf die Waljagd, wenn sie vom Ufer aus eine Schule entdeckten. Es waren ihre Jagd- und Fanggründe, die die Pilger aus Europa ihnen streitig machten. Dieser Streit sollte wenige Jahre später zum ersten großen Krieg zwischen den Kolonisten und den Indianern Neuenglands führen. Er dauerte vierzehn Monate und bedeutete das Ende der Freiheit, wegen der die Pilger über den Atlantik gekommen waren.

Nachdem der Widerstand der Indianer im Spätsommer 1675 mit dem Tod des Häuptlings Metacom und seines Vertrauten Annawon gebrochen war, kehrten die Enkel der Pilger von Plymouth zurück nach Corn Hill. Pamet wurde 1697 als eigenständige Gemeinde gegründet und 1705 aufgrund der vielen Schiffsstrandungen in »Dangerfield« umbenannt. Da sich jedoch niemand in einem Ort mit so abschreckendem Namen ansiedeln wollte, entschied man sich schließlich für Truro, nach einer kleinen Hafenstadt an der Küste von Cornwall. Trotz aller politischen und religiösen Differenzen gab es offenbar doch ein stilles Heimweh nach der Heimat auf der anderen Seite des Atlantiks. Allerdings hatten der New England Council und Finanziers in London nicht vor, die Pilger nach dem gewonnenen Indianerkrieg ihrer Wege gehen zu lassen. Nach Steuerquerelen mit der britischen Krone ab 1767 und der Boston Tea Party vom 16. Dezember 1773, an der sich auch vier Cape Codder beteiligten, steuerte Neuengland geradewegs auf einen bewaffneten

Konflikt mit dem Mutterland zu. Doch die Kolonisten wollten dem Ende ihrer Selbstverwaltung und der angedrohten Schließung des Hafens von Boston nicht tatenlos zusehen. So sammelten sich die »Söhne der Freiheit« auch auf Cape Cod um die Fahnen von George Washington und seiner Armee. In Concord fiel der berühmte Schuss, der laut Ralph Waldo Emerson »um die ganze Welt zu hören« war und das Signal zum Aufstand gab. Die Niederlage von Bunker Hill vertrieb schließlich die Briten aus Boston. Am 17. März 1776 wurde die Unabhängigkeitserklärung vom Balkon des Town House verlesen und das königliche Wappen mit Löwe und Einhorn heruntergerissen.

Von diesen Auseinandersetzungen blieb auch Cape Cod nicht verschont. Die Royal Navy erkannte schnell, dass die Häfen von Provincetown, Truro und Wellfleet schutzlos waren und ideale Ausgangsbasen für Operationen gegen die Rebellen in Boston abgeben würden. Da die meisten Männer entweder bei Washingtons Truppen oder auf hoher See waren, wurden die Orte an der Küste nur von einer kleinen Heimwehr beschützt. Doch deren Kommandeure wussten sich zu helfen: Als die ersten Kriegsschiffe Seiner Majestät vor Truro aufkreuzten und Anstalten machten, Konfiskationskommandos auszubooten, ließ der Kommandant der Bürgerwehr seine wenigen Männer mit Trommelschlag und aufgepflanztem Bajonett im Kreis um die Dünen herummarschieren, sodass von See aus der Eindruck einer respektablen Streitmacht entstand. Die Engländer ruderten eilends zurück. Sie kamen allerdings mit Verstärkung wieder und sollen gute Miene zum cleveren Spiel gemacht haben, als sie herausfanden, welche Stärke die Garde von Truro tatsächlich hatte. Schließlich brauchten ihre Soldaten frisches Wasser und Proviant.

Nach gewonnener Unabhängigkeit blühten Schifffahrt und Walfang auch in Truro wieder auf. An der Mündung des Pamet River entstand ein geschäftiger Hafen mit Piers, Fischhallen und einer kleinen Werft, der sogar einen Eisenbahnanschluss bekam. Die Fischer von Truro segelten bis zu den Grand Banks und waren für ihre guten Fänge und ihren Humor bekannt. Josef Berger erzählt die Geschichte des legendären Schonerkapitäns Eldad, der von Boston zurückkam und Nebel über der Bucht aufkommen sah. »Bring sie schnell nach Hause«, befahl er seinem Schiffsjungen. Da der noch nicht lange zur See fuhr, fragte er sicherheitshalber: »Und welchen Kurs soll ich steuern?« »Immer den Möwen hinterher«, knurrte der Alte und stieg in die Kajüte hinunter. Nach ein paar Stunden kam er wieder an Deck und sah, dass sein Schiff Kurs auf den offenen Atlantik nahm. »Wo zum Teufel willst du hin?«, fauchte er den Rudergänger an. »Auf Weltreise?« »Ich folg den Möwen, so wie Sie gesagt haben«, verteidigte sich der Junge. »Den Möwen von Truro, du benebelter Bauernkopp«, brüllte Kapitän Eldad, »nicht denen von Chatham!«

Nicht immer ging es auf See so glimpflich ab. Im großen Sturm vom Oktober 1841 verlor Truro sieben Schiffe und mit ihnen siebenundfünfzig Seeleute. Dann ging 1851 der Schiffsausrüster der Union Wharf Company bankrott, die gleichzeitig als Bank und Versicherung für die Fischer gedient hatte.

»Das war der Anfang vom Ende der geschäftigen Tage in Pamet Harbor«, schreibt Henry C. Kittredge. »Dort, wo die Georges-Bank-Fahrer und die Makrelenflotte mit über sechzig Schiffen gelegen hatten, waren bald nur noch ein paar kümmerliche Kutter zu sehen. Verstummt waren der Klang der Kalfaterhämmer auf der Werft und die Rufe der Auktionatoren in den Fischhallen.« Eine kurze und dunkle Blütezeit erfuhr der Hafen dann noch in den Jahren der Prohibition, als die »Moonshiner« den in Kanada und der Karibik in Hummerfallen verpackten Whisky und Rum auf See entgegennahmen und auf die wartenden Lastwagen luden. Diese brachten den Mondscheinschnaps nach Boston und New York – wenn alles glattlief. Wenn nicht, wurden sie von der Polizei oder von der Mafia geschnappt, die ihnen auf der nächtlichen Route 6 auflauerten. Heute ist Pamet Harbor nur noch Heimathafen für ein paar Küstenfischer, deren Kutter oft kleiner sind als die Segeljachten der Sommerhausbewohner von Corn Hill und Fisher Beach. Aber dafür ist Truro durch die Bilder von Edward Hopper in die Kunstgeschichte eingegangen.

Im Sommer 1930 waren Edward und Jo Hopper zum ersten Mal nach Truro gekommen. Sie kannten das Licht des Atlantiks von ihren Aufenthalten auf Monhegan Island in Maine und aus Gloucester, dem ältesten Fischereihafen von Massachusetts, an dessen Küste Hopper zwischen 1912 und 1928 gemalt hatte. Aber hier schien ihm das Licht der See die Landschaften in nie gesehener Intensität erstrahlen zu lassen. Eines seiner Bilder, *Rooms by the Sea* von 1951, hing als Druck in meinem Apartment am Washington Square, während ich an der Tisch School die *Goldberg-Variationen* inszenierte. Nur eine Straße weiter, am Washington Square North Nummer 3, hatten die Hoppers von 1913 bis zu ihrem Tod gelebt und gearbeitet. Ich fuhr an den Wochenenden oft ins Whitney Museum, um mir Hoppers Gemälde und Zeichnungen anzusehen. Während seine Städtebilder, seine Nachtschwärmer, Büroangestellten und Paare einsam und verlassen wirken, scheint das Licht von Cape Cod sie für einen Moment aus ihrer Isolation zu befreien und in eine gespannte Aufmerksamkeit zu versetzen.

Eines Abends nach der Probe fand ich in dem alten Strand-Antiquariat am Broadway Gail Levins Buch *Hoppers Places*, das die realen Orte seiner Gemälde beschreibt. Darin fand sich auch eine von Jo Hopper gezeichnete Karte, in der die genaue Lage ihres Ateliers eingetragen war. Ich traute meinen Augen kaum: Es befand sich unweit von Corn Hill, genau auf der anderen Seite des Pamet River oberhalb von Fisher Beach. Und noch etwas zeigten die Fotografien von Gail Levin: *Rooms by the Sea* war keineswegs malerische Fiktion, sondern zeigte einen Blick aus dem Atelier auf den Atlantik bei geöffneter Tür. Jo Hopper nannte das Bild in einem Brief an ihren Kunsthändler den »Ort zum Herunterspringen« und bezweifelte, dass sich für dieses Bild je ein Käufer würde finden lassen.

Das Atelier bot den Hoppers einen Rückzugsort vor dem sommerheißen Manhattan und zugleich Schutz vor neugierigen Zuschauern und den Mücken. Das große Atelierfenster ließ so viel Licht herein, als würde der Maler draußen in den Dünen sitzen. »Das Kap sieht herrlich aus«, vertraute Jo Hopper ihrem Tagebuch an. »Edward sagt, das kommt daher, weil die Schatten nicht so dunkel sind wie in Maine. Sie sind licht, weil die Atmosphäre hier viel dichter ist. Das brillante Licht ergießt sich überallhin. Ein Großteil des reflektierten Lichts macht auch die Schatten licht.«

Jo Hopper kannte das Kap und die Künstlerkolonie von Provincetown seit ihrem ersten Aufenthalt im Sommer 1915, in dem auch sie sich der Gruppe um Mary Heaton Vorse, Susan Glaspell und George Cook angeschlossen hatte. Sie hatte die Malschule von Ambrose Webster besucht und sich ein Studio in einem Schusterkeller von Provincetown eingerichtet. Nun aber gab es das große Atelierhaus, das Hopper auf einem Stück Land über Fisher Beach hatte bauen lassen.

Glaubt man Gail Levins Biografie, dann spielten sich hier in jedem Sommer Szenen ab, die an die Ehedramen Strindbergs erinnerten. Hopper verhöhnte die Bilder seiner Frau und drohte mehr als einmal, sie aus dem Fenster in den Atlantik zu werfen. Er verbot ihr, das gemeinsame Auto für ihre Malausflüge zu nutzen, und weigerte sich, sie zu Ausstellungseröffnungen oder Dinnerpartys zu begleiten, zu denen sie eingeladen waren. Gail Levin behauptet, die Beziehungs- und Sprachlosigkeit der Paare auf seinen Bildern seien Szenen aus Hoppers eigener Ehe.

»Was heißt hier behauptet, das ist doch wohl klar«, sagt Karen, als sie die Biografie ausgelesen hat. »The greatest American painter. What a curmudgeon!«

»Was ist ein *curmudgeon*?«, frage ich.

»Na, so einer wie du. Wie heißt das auf Deutsch? Greisegram?«

»Griesgram«, erwidere ich. »Aber ›Greisegram‹ ist schöner.«

»Sag ich doch. Ich habe jedenfalls erst mal genug von Mister Hoppers Melancholie. Das ist gar keine Melancholie, das ist finsterer Misanthropismus.«

»Man soll die Künstler nicht kennenlernen, deren Werk man liebt, hat mal jemand gesagt.«

»Wie recht der Jemand hatte«, sagt Karen und geht auf die Veranda.

Zu Hoppers Verteidigung muss ich sagen, dass er seiner Frau 1938 ein kleines Atelier in dem Haus am Washington Square kaufte und dort mit ihr seine Ausstellungen besprach, die immer mehr begeisterte Besucher und Kritiker fanden. 1945 wurde er zum Mitglied des National Institute of Arts and Letters gewählt und erhielt die Ehrenmitgliedschaft des Art Institute of Chicago. 1950 richtete ihm das Whitney Museum in New York eine große Retrospektive aus, die anschließend auch in Boston und Detroit gezeigt wurde. Seine Bilder vertraten 1952 die bildenden Künste Amerikas auf der Biennale in Venedig, und die American Academy verlieh ihm ihre Goldmedaille für Malerei. Sein Protest gegen das »Larifari der Abstrakten« hingegen machte ihn bei den Modernen und bei vielen Kritikern zusehends unbeliebt, aber Hopper scheint diese Unbeliebtheit genossen zu haben. Wer Maßstäbe hat, lässt sich eben nicht durchs Feuilleton beirren.

Jo und Edward Hopper kamen bis ins hohe Alter jeden Sommer gemeinsam nach Truro zurück. Sein letztes Bild *Two Comedians* malte er 1965. Es zeigt zwei weiß gekleidete Schauspieler aus der italienischen Commedia dell'Arte bei der Verbeugung. Vielleicht sah Hopper seine Ehe trotz aller Turbulenzen als ein Stück aus der menschlichen Komödie, in der es für ihn nicht sonderlich viel zu lachen gab. Für seine Frau noch weniger – und dennoch kümmerte sie sich nach seinem Tod im Mai 1967 mit unermüdlicher Akribie um seinen Nachlass.

Für alle, die trotz alledem noch Hopper-Fans sind, bietet Beth Chapman aus Wellfleet eine zweistündige Tour an, die zu den Landschaften führt, die Hopper an der Spitze des Kaps gemalt hat: Burley Cobbs Farm und die umliegenden Häuser in South Truro, Ryders House und Camel Hump und natürlich auch Corn Hill. Auch Chapman betrachtet Hoppers Qualitäten als Ehemann kritisch: »Seine Bilder sind ja wunderbar. Aber, ich meine, er hat das Atelier von dem Geld gebaut, das

Jo von einem Onkel geerbt hatte – und dann musste sie in der Küche malen! Und mit den anderen Künstlern hier wollte er nichts zu tun haben. Die Einheimischen fanden Hopper wohl ganz in Ordnung, weil er nicht die üblichen Künstlerallüren an den Tag legte. Er war eher wie ein Handwerker, sprach wenig, schon gar nicht über seine Kunst. Je berühmter er wurde, desto stolzer waren die Leute, ihn zu kennen. Aber einer hat auch mal ein Interview in der *Life* mit ihm gelesen und hinterher zu meinem Vater gesagt: ›Er wollte also immer nur das Licht an seiner Hauswand malen – *big deal*.‹«

»Was findest du eigentlich so toll an Hoppers Bildern?«, fragt Karen mich auf der Rückfahrt.

»Ich finde, er hat die Dämmerung des amerikanischen Traums gemalt, lange bevor irgendjemand sonst sie wahrhaben wollte.«

»Und was ist mit John Steinbeck? Upton Sinclair? Und John Dos Passos?«

»Du gibst mir das Stichwort«, nicke ich. »Wusstest du, dass Dos Passos ebenfalls in Truro gelebt hat?«

Zu den wenigen Gästen, die Hopper manchmal zum Tee in sein Atelier einlud, gehörten Kathy und John Dos Passos. Die junge Kathy Smith hatte ebenfalls zum Freundeskreis von Mary Heaton Vorse gehört, die offenbar den einzig interessanten Salon auf dem Outer Cape betrieb. John Dos Passos, der damals auch als Journalist arbeitete, war 1928 nach Provincetown gekommen, um mit Vorse über einen Textilarbeiterstreik in North Carolina zu sprechen, bei dem ein gemeinsamer Freund verhaftet worden war. Doch tatsächlich war die Politik nur ein Vorwand. Dos Passos wusste, dass er im Hause Vorse Kathy Smith wiedersehen würde, die er drei Jahre zuvor bei Hemingway auf

Key West kennengelernt hatte. Kathy war eine junge Schriftstellerin und hatte mit ihrem Bruder Bill das Haus »Arequipa« von Heaton Vorse gekauft, als diese dringend Geld brauchte. Ausgebaut und umgetauft in »Smooley Hall«, wurden dort nun wilde Partys mit selbst gebranntem Whiskey gefeiert. Dos Passos war ein paar Monate vorher aus der Sowjetunion zurückgekehrt, wo er nach seinem Erfolg mit *Manhattan Transfer* von 1925 als »amerikanischer Gorki« gefeiert wurde. Die Tantiemen für seine russischen Übersetzungen musste er allerdings in Form von Wodka und Salzheringen konsumieren, weil die Ausfuhr von Rubeln verboten war. Aber das war nicht das einzig Kritische, was er über die Realität im Land der Arbeiter und Bauern zu berichten hatte. Er erzählte von den Hungerkatastrophen bei der Landbevölkerung, den schlechten Arbeitsbedingungen in den Fabriken und von den Versuchen der Kommunistischen Partei, dies alles unter Transparenten und Spruchbändern zu verdecken. Kathy fand seine Geschichten offenbar interessanter als Hemingways Jagdabenteuer, jedenfalls vereinbarten die beiden eines Abends, dass sie heiraten würden, ohne ihre Freunde und Verwandten davon zu unterrichten.

Dos Passos beendete vorher noch den ersten Band seiner Trilogie *U.S.A.*, den er *Der 42. Breitengrad* nannte – nach jenem Breitengrad, der durch Truro verläuft, an dessen Strand er gern mit Kathy spazieren ging. In den stillen Nächten am Atlantik schrieb er jene Romane, die den Beginn des Jahrhunderts im Rhythmus des Ragtime intonieren und mit der Kälte eines Kameraauges betrachten: das Heraufkommen des amerikanischen Zeitalters als Apokalypse des Abendlandes – »das Jahrhundert, in dem die Billionen und die Gehirne herrschen«, wie er es im *42. Breitengrad* formuliert.

Im August 1929 heirateten Dos Passos und Kathy Smith in Maine und feierten das heimliche Ereignis auf ihrem Hotelzimmer mit einer Flasche schwarzgebranntem Bourbon aus Provincetown. Da sie beide kaum Geld hatten, erschütterte sie der Black Thursday an der Wall Street nicht sonderlich. Mit dem Vorschuss für sein Buch und etwas geliehenem Geld von Kathys Eltern brach das Paar nach Europa auf, wo der Dollar noch etwas wert war. Sie trafen sich in Paris mit Zelda und Scott Fitzgerald, Dorothy Parker und dem eifersüchtigen Hemingway. Erst im Frühjahr 1930 kehrten sie aufs Kap zurück und kauften sich ein Cottage in Truro, wo Kathy zusammen mit Edith Shay an ihrem Buch *Down Cape Cod* arbeitete, während John seinen zweiten Band *1919* begann. Zwei Jahre später beendete er ihn und schloss die Trilogie 1939 mit *Die Hochfinanz* ab, in dem er Mary Heaton Vorse mit der Figur der Mary French ein literarisches Denkmal als unbeirrbare Kämpferin für die Sache der amerikanischen Arbeiterinnen und Arbeiter setzte. Seine Enttäuschung, dass die amerikanische Mittelschicht aus dem großen Börsenkrach nichts gelernt hatte und stattdessen weiter dem *American Dream* hinterherträumte, fasst er dort zusammen in dem Satz: »Diese Leute glauben noch immer, mit Aktien am Kapitalismus teilhaben zu können – so wie der Roulettespieler an seine Teilhabe am Casino glaubt.«

Dos Passos blendete gegen Ende seiner *Hochfinanz* sein kritisches »Kameraauge« noch einmal in einer Totale auf, die bis in die Gegenwart reicht: »Sie sind stärker ... sie sind reich ... sie heuern und feuern die Politiker die Zeitungsherausgeber die Gerichtspräsidenten die ehrlichen Leute die Universitätsprofessoren die Parteichefs ... sie bezahlen die Bewaffneten sie mieten die Uniformen die Polizeiautos die Überfallwagen ... ihre

Handlanger sitzen zu Gericht flegeln sich unter der Kuppel des Stadtparlaments mit den Füßen auf dem Tisch ... sie haben die Dollars die Gewehre die Eingreiftruppen die Energiewerke ... sie haben die Wälder gefällt und zu Zeitungspapier verarbeitet unsere Städte in Elendsviertel verwandelt und unserem Volk seinen Reichtum abgepreßt ... wir sind zwei Nationen – aber die Sprache der geschlagenen Nation ist nicht vergessen die Männer im Totenhaus haben bevor sie starben die alten Worte zu neuem Leben erweckt ...« In diesem illusionslosen Schluss glühte noch ein Funken Hoffnung unter der Asche der Verzweiflung.

Für Dos Passos erlosch der Funke Hoffnung ein Jahr später, als er nach Spanien fuhr, um mit Joris Ivens an dem Film *Spanische Erde* über den Bürgerkrieg der Republik gegen Franco zu arbeiten. Sein Freund und Übersetzer José Robles war auch Dolmetscher für den sowjetischen General Bersin gewesen und hatte dabei mehr über den Einfluss der »Berater« von der GPU erfahren, als der Geheimpolizei genehm war. Unter dem Vorwand, ein »Spion Francos« zu sein, wurde Robles heimlich erschossen, und alle Nachfragen über sein Schicksal blieben unbeantwortet. Auch Dos Passos stieß auf eine Mauer des Schweigens, und selbst einige amerikanische Kommunisten beschworen ihn, nicht länger »Staub aufzuwirbeln«. Das führte zum Bruch mit Hemingway und dem Sozialismus von Stalins Gnaden. Als er in die USA zurückkehrte, konnte er in den Kritiken lesen, dass seine Trilogie mit Tolstois *Krieg und Frieden* und mit Balzacs *Menschlicher Komödie* verglichen wurde. Das Buch blieb dennoch von durchschlagender Wirkungslosigkeit, und nur einige Kollegen, wie Bertolt Brecht im dänischen Exil, erkannten neben dem ästhetischen Stellenwert auch seine politische Bedeutung. Dos Passos' spätere Hinwendung zu den Konservativen lässt sein frühes Meisterwerk als eine bedauernswerte Verirrung erscheinen, und so wird es auch heute noch behandelt. Die Trilogie findet sich zwar auf der Rangliste der hundert besten Romane der Modern Library, aber auf kaum einer Leseliste amerikanischer Colleges.

Von 1942 bis 1945 berichtete Dos Passos für die Zeitschrift *Life* vom europäischen Kriegsschauplatz und über die Nürnberger Prozesse. Zurück in den USA, ging er wieder nach Truro und stellte den Band *Das Land des Fragebogens* mit seinen Reportagen über Deutschland zusammen. Im September 1947 kam Kathy bei einem Autounfall ums Leben, bei dem Dos Passos selbst schwer verletzt wurde. Kathy wurde auf dem Truro Cemetery bestattet, wo Dos Passos ihr einen Grabstein aus schwarzblauem Schiefer setzen ließ, wie man ihn auf Neuenglands Friedhöfen aus der Kolonialzeit findet. Bei einem Spaziergang über dieses ehrwürdige Gräberfeld entdeckten wir den seltsamen Stein im Sommer 1995 und erfuhren durch ihn – und dank der Hilfe einer Bibliothekarin in der Old Public Library – von den Jahren der beiden Schriftsteller in Truro.

»Cocktail hour!«, ruft Karen aus der Küche. »Was sitzt du hier herum ohne Martini?«

»Ich trauere um Amerika.«

»Makes two of us«, antwortet sie lakonisch. »Olive or twist?«

Hopper, Dos Passos und O'Neill waren nicht die einzigen amerikanischen Künstler, die zwischen Corn Hill und Long Nook Beach gelebt und gearbeitet haben. Walker Evans fotografierte Truros Dünenlandschaften, Mary McCarthy las mit ihren Freunden Shakespeare an nächtlichen Strandlagerfeuern.

George Grosz kam zwischen 1938 und 1949 jeden Sommer und malte freizügige Akte in den Dünen. Edmund Wilson schrieb vormittags seine Rezensionen für den *New Yorker* und schmachtete abends Edna St. Vincent Millay an, der er vergebens Heiratsanträge machte. Die Lyrikerin kam seit 1920 nach Truro und schrieb hier das Gedicht *Erinnerung an Cape Cod*, das bei Jackie Kennedys Beisetzung gelesen wurde:

> *Der Wind in den Eschen klingt wie die Brandung am Ufer*
> *von Truro.*
> *Ich werde meine Augen schließen –*
> *still, seid still mit eurem albernen Blöken, ihr Schafe auf*
> *Skillingston Hill …*
>
> *Sie sagten: Komm doch! Sie sagten:*
> *Lass deine Steine im Sand und komm mit,*
> *es ist lange nach Sonnenuntergang!*
>
> *Die Mücken werden schwärmen in den Kiefernwäldern*
> *von Long Nook, die Winde haben sich gelegt.*
> *Sie sagten: Lass deine Steine im Sand und*
> *auch deine Muscheln und komm mit*
> *wir finden für dich einen anderen Strand als den Strand von*
> *Truro.*
> *Lasst mich dem Wind in den Eschen zuhören,*
> *er klingt wie die Brandung am Ufer …*

Der Strand von Long Nook ist auch unser Strand geworden. Er liegt etwas abgelegen am Atlantik und macht seinem Namen –

Langer Schlupfwinkel – alle Ehre. Wenn man den steilen Dünenpfad hinabgeklettert ist, kann man stundenlang in Richtung Highland Light spazieren und begegnet dabei selbst im Sommer nur wenigen Wanderern. Die meisten Besucher stellen ihre Sonnenschirme, Strandstühle und Cooler gleich beim Abstieg auf und scheinen sich an der Nähe und dem Lärm der anderen Badegäste nicht zu stören. Nur ein paar Hundert Meter weiter ist es leer und still, und diese Meter sollte man sich gönnen, falls man nicht gerade auf der Suche nach amerikanischem Familienanschluss ist. An Long Nook Beach ist das kein Problem.

Auch Henry David Thoreau ist auf seinem Spaziergang ums Kap hier vorbeigekommen. Er suchte nach Strandgut, weil er gehört hatte, dass auf den Sandbänken vor Truro mehr Schiffe gestrandet waren als an allen anderen Küsten von Cape Cod. Das berühmteste war die *Whydah* des Piraten Samuel Bellamy, ein Sklaventransporter mit achtzehn Kanonen, der dreizehn Knoten machte. *Black Sam* konnte sie trotzdem im Frühjahr 1717 nach dreitägiger Verfolgungsjagd in der Karibik kapern. Ihr Kapitän hatte gerade fünfhundert Sklaven auf die Zuckerrohrplantagen von Jamaika verkauft und entsprechende Mengen Gold und Silber an Bord. Bellamy, der früher mit Kapitän Edward Teach, dem berüchtigten »Blackbeard«, gesegelt war, kaperte zusammen mit seinem Freund Paulsgrave Williams Handelsschiffe in der Karibik, was ihn zu einem der erfolgreichsten Piraten seiner Zeit machte. Gegen die wendigen Kaperer *Sultan* und *Mary Anne* der beiden hatte auch die *Whydah* unter Kapitän Lawrence Prince keine Chance. Bellamy, der als »Robin Hood der Meere« bekannt war, weil er die Beute immer zu gleichen Anteilen unter seiner Crew aufteilte, versenkte nie ein einziges Schiff und tötete auch die gefangenen Besatzungen nicht. Als er sah, dass die *Whydah* besser bewaffnet war als sein Flaggschiff, übernahm er sie kurzerhand und überließ Kapitän Prince die *Sultan*. Sein Aufzug, so berichtet Josef Berger im *Cape Cod Pilot*, war ebenso gentlemanlike wie sein Auftreten: Er trug stets teure schwarze Mäntel und Kniehosen, kostbare Duellpistolen und eine rote Seidenschärpe. Er trank nicht und hielt auf strenge Disziplin, wurde aber trotzdem von seiner Mannschaft verehrt. Berühmt wurde er für seine Rede, die er an den englischen Kapitän Beer hielt, nachdem dieser sich geweigert hatte, Pirat zu werden: »Ihr seid ein hinterlistiger Schnösel, wie alle, die sich dem Recht unterwerfen, das die Reichen nur zu ihrer eigenen Sicherheit gemacht haben. Diese feigen Schufte haben nicht die Courage, das, was sie durch ihre Gaunereien zusammengerafft haben, selber zu verteidigen. Ihr sollt verdammt dafür sein, einem Haufen so hühnerherziger Trottel zu dienen! Dieses Pack verleumdet uns, dabei besteht der einzige Unterschied darin, dass sie die Armen unter dem Deckmantel der Gesetze ausrauben, während wir es den Reichen nach dem Gesetz unseres eigenen Mutes nehmen. Würdet Ihr nicht besser daran tun, einer von uns zu werden, statt hinter diesem Gesindel herzuschleichen und um ihre Dienste zu betteln?«

Samuel Bellamy hatte nur eine Schwäche, die ihm zum Verhängnis werden sollte: seine Liebe zu der jungen Maria Hallett aus Wellfleet, die er bei seinem ersten Landgang auf Cape Cod kennengelernt hatte. Ihre Eltern hatten ihm damals, als seine Taschen noch leer und sein Anzug weniger elegant gewesen waren, höhnisch die Tür gewiesen. Offenbar etwas zu spät, denn neun Monate nach seiner Abreise brachte Maria ein Kind auf die Welt und wurde mit Schimpf und Schande aus dem Dorf gejagt.

Trotz aller Widrigkeiten wartete Maria auf Sam Bellamy, der ihr eine Mitgift versprochen hatte, wie man sie in ganz Neuengland noch nicht gesehen hatte. Am 25. April 1717 erreichte er bei seiner Rückkehr die Küste des Kaps, geriet jedoch in einen so schweren Sturm, dass die *Whydah* nach langem Kampf auf die Sandbänke vor Truro geworfen wurde. Am Ende brachen die Masten, und das schwer beladene Schiff riss seinen Kapitän und 143 weitere Männer seiner Besatzung mit sich in den Atlantik. Lediglich zwei Piraten erreichten lebend den Strand; sie wurden zusammen mit sechs Überlebenden der *Mary Anne*, die ebenfalls gesunken war, nach Boston gebracht und dort allesamt, mit Ausnahme des Schiffszimmermanns Thomas Davis, gehenkt. Die Legenden von den Schätzen der *Whydah* jedoch hielten sich auf dem Kap über 250 Jahre.

Der Unterwasserarchäologe und Schatzsucher Barry Clifford, ein geborener Cape Codder, hatte sie schon als Kind gehört. Im Sommer 1982 entdeckte er das Wrack der *Whydah* unweit der Küste von Truro unter einer meterdicken Schicht von Sand und Schlick. Drei Jahre später konnte Clifford anhand der gehobenen Schiffsglocke und über 200 000 weiterer Fundstücke nachweisen, dass er tatsächlich Bellamys Schiff gefunden hatte. Ebendiese Glocke, die Kanonen und das Gold kann man heute im Whydah-Museum auf der MacMillan Wharf in Provincetown besichtigen. Der Geist des ehrwürdigen Seeräubers, von dem auch Thoreau gehört hatte und der nachts angeblich an Long Nook Beach herumstreift wie einst Billy Bones aus der *Schatzinsel*, gehört noch immer zu den Spukgestalten des Outer Cape.

Ich habe die Geschichte von Sam Bellamy und Maria Hallett am

Strand von Long Nook gelesen, während Karen ihre Spaziergänge machte. Eines Tages kam sie aufgeregt zurück, weil sie eine Robbenkolonie am Strand entdeckt hatte, die sie mir unbedingt zeigen wollte. Ich habe mir nie viel aus Robben gemacht, aber das sollte sich im Sommer 2012 ändern.

Als wir am frühen Morgen den steilen Dünenpfad heruntersstiegen, begrüßten uns improvisierte Warnschilder: »Caution! Recent shark sightings!« Mit den Robben war auch der Weiße Hai zurückgekommen. Den ganzen Sommer über war die *Cape Cod Times* voll von Berichten über gesichtete Finnen und Interviews mit Hai-Experten. Dann wurde ein Surfer attackiert und musste mit dem Rettungshubschrauber nach Boston geflogen werden, wo man ihn wieder zusammenflickte. Nach der erfolgreichen Operation gab es eine Pressekonferenz, auf der er seiner Stationsschwester einen Heiratsantrag machte, was umgehend zu einem *YouTube*-Hit wurde. Inzwischen sind die improvisierten Schilder am Strand durch große, permanente Warntafeln am Parkplatz ersetzt worden, die den gefürchteten Räuber in voller Größe zeigen und verkünden: »Vorsicht! In diesen Gewässern leben Weiße Haie. Haie machen Jagd auf Robben. Vermeiden Sie deshalb, in der Nähe von Robben zu schwimmen.«

»In der Nähe von Robben?«, fragte ich. »Wer wird so bescheuert sein, hier überhaupt noch ins Wasser zu gehen?« »Wait and see«, antwortete Karen, die ihre Landsleute besser kannte als ich. Als wir über die Kliffkante spähten, sahen wir bereits die ersten Surfer und Schwimmer in der Brandung.

»Sind die lebensmüde, oder können die nur keine Piktogramme lesen?«, wunderte ich mich. »It's a free country«, erklärte mir meine Freundin achselzuckend. »Außerdem haben wir im

Gegensatz zu euch nur zwei Wochen Urlaub im Jahr. Die lassen wir uns doch nicht vom Weißen Hai zerbeißen.« »Heißt das, du willst auch ins Wasser gehen?«, fragte ich ungläubig. »Bloß ein bisschen«, sagte sie und schulterte ihre Badetasche. »Wenn du zu feige bist, kannst du ja als Haiwächter auf mich aufpassen.«

Das wollte ich natürlich nicht auf mir sitzen lassen. Es wurden die aufregendsten Minuten im Wasser, die ich seit unseren Tauchgängen am Großen Barriereriff erlebt hatte.

In diesem Sommer begegnen wir auf einem Spaziergang einem Rettungsschwimmer, der uns zuwinkt und aufs Meer deutet. Eine schwarze Finne durchfurcht die spiegelglatte See. Wir halten den Atem an und verfolgen sie mit unserem Fernglas. Der junge Mann kommt heran und lacht: »No worries, just a basking shark« – »Keine Sorge, bloß ein Riesenhai.« Bloß ein Riesenhai? Wir wissen, dass der zwar ein harmloser Planktonfresser ist, aber immerhin bis zu zehn Meter lang werden kann und nach dem Walhai der größte Fisch der Weltmeere ist. »Kommt der hier öfter vorbei?«, fragen wir. »Mein erster«, strahlt der Rettungsschwimmer und zeigt uns die Fotos auf seinem Smartphone. »Schon verschickt!« »Da wird es hier bald Andrang geben«, ahnt Karen. Aber die Finne verschwindet schon in Richtung Highland Light.

Highland Light ist der älteste Leuchtturm des Kaps und wurde deshalb lange Zeit auch nur »Cape Cod Light« genannt. Schon 1797 ließ George Washington wegen der berüchtigten Sandbänke einen hölzernen Leuchtturm bauen, der 1833 durch einen Backsteinturm ersetzt wurde. Bis 1857 brannten darin fünfzehn Walöllampen, deren Licht mit Reflektoren verstärkt wurde und so eine Leuchtkraft von 180 000 Wachskerzen erreicht haben soll. Die Herbst- und Winterstürme, die gefürchteten »Nor'easter«, setzten dem Turm so stark zu, dass er 1857 als einsturzgefährdet abgerissen und durch einen Neubau ersetzt wurde. Dieser schickt sein Licht noch heute über den Atlantik: Er ist der hellste Leuchtturm an der gesamten Küste Neuenglands und der letzte, der automatisiert wurde. Als wir ihn 1993 zum ersten Mal besuchten, stand er noch an seinem ursprünglichen Ort und besaß die alte Fresnel-Linse von Carlisle & Finch. Doch die Stürme und das Meer fraßen Jahr für Jahr an der Küste, sodass er samt Wärterhaus im Sommer 1996 hundertfünfzig Meter weiter landeinwärts versetzt werden musste. Hier soll er nun für die nächsten hundertfünfzig Jahre sicher sein, falls die Stürme nicht noch stärker und die Erosionen nicht noch schneller voranschreiten werden, als die Experten berechnet haben.

Wir erlebten unseren ersten Nor'easter im Mai 2000 auf Corn Hill. Er schüttelte unser altes Cottage so erbarmungslos durch, dass ich fürchtete, der Sturm würde es aus dem Fundament reißen und mit uns auf die Bucht hinaustragen. Die Balken ächzten und stöhnten wie ein altes Segelschiff. Sandböen peitschten über das Dach und an den klirrenden Fenstern entlang. Ich hatte für die Reise ausgerechnet Sebastian Jungers *The Perfect Storm* eingepackt und mich seit ein paar Nachmittagen daran festgelesen. Damals wusste ich noch nicht, dass Junger dieses Buch über den Untergang des Schwertfischfängers *Andrea Gail* aus Gloucester nur ein paar Kilometer entfernt in einer Strandhütte seiner Eltern geschrieben hatte. Besonders faszinierte mich sein Porträt von Linda Greenlaw, der ersten Schwertfisch-Kapitänin Neuenglands und wahrscheinlich der Welt. Nach dem Erfolg von *The Perfect Storm* schrieb Greenlaw ihrerseits *The Hungry Ocean*, einen Bericht über ihre Arbeit auf der *Hannah Boden*, der ebenfalls zum Bestseller wurde. Als sie das Buch im Herbst 2000 an unserem College vorstellte und wir nach der Lesung ins Gespräch kamen, erzählte ich ihr von meinem Leseerlebnis auf Corn Hill. »Ein Nor'easter im Mai?«, fragte sie ungläubig. »Das war wohl eher ein ›Easterling‹.« Nachdem wir dann den Presidents' Day Blizzard vom Februar 2003 erlebt hatten, wusste ich, dass sie recht gehabt hatte.

Heute lebt Linda Greenlaw als Schriftstellerin und Lobster-fischerin auf der Isle au Haut in Maine, während Sebastian Junger sich ein Haus in Truro gekauft hat und manchmal bei Mac's Seafood anzutreffen ist. Die Verfilmung von *The Perfect Storm* durch Wolfgang Petersen mit George Clooney, Mary Mastrantonio und Mark Wahlberg hat viel dazu beigetragen, dass wir heute etwas besser wissen, wie viel Ausdauer und Gefahr dazugehören, bevor ein Schwertfischsteak auf unserem Teller liegt.

Im Sommer 2014 besuchten wir Highland Light wieder, weil uns Freunde von einer Ausstellung erzählt hatten, auf der auch Bilder von Jo Hopper zu sehen sein sollten. Das schönste war ein Aquarell mit dem tröstlichen Titel *Truroer Gastfreundschaft*, das ein Toilettenhäuschen hinter einer Shell-Tankstelle zeigt. Das Überraschendste im Highland House Museum war die Ausstellung der »fishnet fashion« – einer eleganten Kollektion aus Hüten, Schals, Blusen und Kleidern, die zwei findige Frauen ab 1935 aus gefärbten Fischernetzen geschneidert hatten. Zu den Kundinnen von Ada Worthington und Anna Vakar gehörte auch die Herzogin von Kent, die sich mit den Netzhüten sogar für *Collier's* ablichten ließ und so die »Cape Cod Fishnets« salonfähig machte. Die Damen der High Society aus Boston und New York kamen in Schwärmen, »um sich in Adas und Annas Netze einwickeln zu lassen«, wie der *Advocate* berichtete. Es wurden Fishnet-Cocktailpartys gegeben und jeden Sommer eine neue Kollektion herausgebracht, die reißenden Absatz fand. Das Fischernetz, das bisher jenseits der Fanggründe höchstens als Bardekoration gedient hatte, wurde plötzlich als ebenso elegantes wie erotisches Material gefeiert.

Die beiden Netz-Künstlerinnen betrieben ihren Coral Fishnet Shop in Truro bis Anfang der Neunzigerjahre. Inzwischen ist er leider geschlossen. Aber auch die alten Garnnetze werden kaum noch geknüpft. Und welche Frau will sich schon in grelle Kunststoffmaschen zwängen, wenn sie nicht gerade im Background-Chor von Lady Gaga singt oder für Vivienne Westwood läuft?

Ein anderes, wesentlich älteres Kleidungsstück hing zu meinem Erstaunen auf einem Holzbügel an einer Tür im Museum, und manche Besucherinnen betasteten es verstohlen und ehrfürchtig. Es handelte sich um ein rotes Samtkleid mit weißem Spitzenbesatz und hatte angeblich einmal der Sängerin Jenny Lind gehört, die mit dem Highland House in besonderer Weise verbunden ist. Die Stockholmer Sopranistin hatte 1838 als Agathe in Carl Maria von Webers *Freischütz* debütiert und sang bald darauf an allen Opernhäusern Europas. Sie zog nicht nur Komponisten und Könige in ihren Bann, sondern auch den Dichter Hans Christian Andersen, der sich nach einem Konzert unsterblich in sie verliebte und für sie das Märchen *Die Nachtigall* schrieb. Während Hector Berlioz und Felix Mendelssohn Bartholdy darum wetteiferten, ihr die schönsten Arien zu schreiben, galt Linds Zuneigung Frédéric Chopin, der sich jedoch nicht zur Heirat durchringen konnte. Wohl auch deshalb nahm die Sängerin 1850 die Möglichkeit zu einer Amerika-Tournee wahr, die ein ganzes Jahr dauern sollte. Schon für das erste Konzert in Boston hatte der Impresario mehr Karten verkauft, als Plätze vorhanden waren, woraufhin das aufgebrachte Publikum drauf und dran war, ihn zu lynchen. Jenny Lind rettete ihn, indem sie einen der vier Türme des Fitchburg Railroad Depot bestieg, in dem das Konzert stattfinden sollte. Aus dieser luftigen Höhe schmetterte sie ihr gesamtes Arienprogramm herab. Die Bostoner jubelten der »schwedischen Nachtigall« zu, und Jenny Lind fuhr im Triumph weiter in unsere Nachbarstadt Northampton. Dort erklärte sie das Connecticut Valley nach einem Besuch auf dem Mount Holyoke zum »Paradies von Amerika«, wofür wir ihr noch heute dankbar sind.

1927 sollte das Fitchburg Depot samt dem berühmten Turm abgerissen werden, doch der Rechtsanwalt und Musikliebhaber Harry M. Aldrych ließ ihn Stein für Stein abtragen und auf sein Anwesen in der Nähe des Highland Light transportieren. Dort wurde er wiederaufgebaut. Die Einheimischen schwören bis heute, dass man in den Sommernächten bei Vollmond Jenny Linds Stimme hören kann. Wir haben daraufhin einen Mitternachtsausflug gemacht und die Lieder aus dem *Freischütz* niemals schöner gehört.

Ein Aufstieg auf den Leuchtturm lohnt sich allemal, auch ohne Geisterkonzert. Die Aussicht über die Klippen ist grandios, und man kann viele betagte Golfer beobachten, die sich auf den benachbarten Highland Links bemühen, ihr Handicap trotz starken Gegenwinds zu verbessern. Auf die Frage, warum Golf in Massachusetts so beliebt ist, antwortete mir einmal ein Kollege am Amherst College: »Weil es vielen unserer puritanischen Mitmenschen die Möglichkeit gibt, sich einmal in der Woche wie ein Zuhälter anzuziehen.« Nachdem ein verirrter Golfball ein Leuchtturmfenster eingeschlagen hatte, setzte man stärkeres Glas ein, um die teuren Linsen vor künftigen Querschlägern zu schützen.

Als wir jetzt wieder auf den Leuchtturm steigen, fragen wir Henry, den Ranger, der den Besuchern Geschichte und Optik der Fresnel-Linsen erklärt, ob er von hier oben auch schon einmal Wale gesehen hätte. Er reicht uns sein Fernglas und sagt: »Jede Menge. Das Einzige, was ihr dazu braucht, ist Geduld und Fantasie.« Eine gute Stunde suchen wir den Horizont nach Blas und Fluken ab, schieben unseren Misserfolg schließlich auf unseren Mangel an Geduld. »Macht euch nichts draus«, tröstet uns der Ranger. »Kommt einfach morgen wieder. Unser Leuchtturm braucht jeden Cent.«

Die Zeit reicht nie, um alles zu sehen, was es zwischen Head of the Meadow und Ryder Beach zu entdecken gibt. Zu unserem Abschiedsritual gehört ein Besuch bei den Truro Vineyards, wo seit 1992 Wein angebaut und abgefüllt wird. Ursprünglich waren die sanften Hügel an der Route 6 die Weiden einer Farm mit großem Herrenhaus, das 1813 im Federal Style erbaut und von Kapitän Atkins Hughes an seine Tochter Amalia und ihren Mann verschenkt wurde. Letzterer erweiterte die Farm und wurde zu einem der wohlhabendsten Männer von Truro. 1930 malte Hopper Haus und Scheune als eines seiner ersten Motive auf dem Outer Cape. Den prächtigen chinesischen Maulbeerbaum, der bereits 1850 von einem Asienfahrer mitgebracht wurde und noch heute neben dem Farmhaus steht, hat er dabei weggelassen. Heute bauen hier Matyas Vogel aus Ungarn und David Roberts Jr. aus Kansas Merlot und Pinot Grigio an, dessen 2010er Jahrgang durchaus zu empfehlen ist.

Auf dem Weg von den Vineyards nach Corn Hill fahren wir manchmal am Old Truro Graveyard vorbei, der daran erinnert, dass diese idyllische Gegend auch ihre dunklen Seiten hat. Hier liegen einige der Opfer von Tony Costa, der als Jack The Ripper von Cape Cod in die Kriminalgeschichte Neuenglands eingegangen ist. In einer Pressekonferenz anlässlich seiner Festnahme verkündete Staatsanwalt Edmund Dinis 1969, wie in der *Cape Cod Times* zu lesen war: »Die Herzen der Opfer befanden sich nicht mehr in ihren Körpern, und jeder dieser Körper war in so viel Einzelteile zerlegt, wie es Gelenke gibt. Mehr möchte ich dazu nicht sagen.« Bei den Opfern handelte es sich um sieben Frauen aus Provincetown und Truro, wo Costa als Zimmermann gearbeitet, nebenbei aber auch eine Marihuana-Farm auf einer versteckten Waldlichtung angelegt hatte. Dorthin hatte er seine Opfer gelockt und nach reichlichem Drogenkonsum getötet. 1969 wurde er für drei nachgewiesene Morde zu lebenslanger Haft verurteilt und schrieb im Gefängnis von Walpole den Roman *Auferstehung*, in dem er die Morde einem ominösen Freund namens Carl zuschob, der nach dem letzten Verbrechen untergetaucht sein sollte. Als sich niemand fand, der diese Geschichte glauben oder wenigstens veröffentlichen wollte, erhängte sich Tony Costa 1974 in seiner Zelle.

Obwohl man in Truro nur ungern über diesen Fall spricht, fand ich im Provincetown Bookshop ein Exemplar von Leo Damores True-Crime-Story *In His Garden*, der ich mein Wissen über die Geschichte vom Cape-Ripper verdanke. Seitdem halten wir abends nicht mehr an dem Friedhof an. Stattdessen machen wir halt bei Mac's Seafood am Truro Center, um frischen Kabeljau oder Shrimps fürs Dinner mitzunehmen. Zu meinem vierzigsten Geburtstag durfte ich mir hier zwei Hummer aus dem großen Aquarium aussuchen. Ich überließ die Wahl allerdings dem Fischmeister, weil ich lernen wollte, woran man einen guten Hummer erkannte. Es folgte ein halbstündiger Vortrag, den ich hier nicht wiederholen möchte – die Grundregel lautet jedenfalls: nicht den größten Hummer nehmen, sondern einen zwischen dreißig und vierzig Zentimetern und nicht schwerer als fünf Kilo. Wenn man den Schwanz nach hinten biegt, muss er zurückschnellen, und wenn man den Hummer schüttelt, darf kein Wasser in seinem Panzer gluckern.

Karen hatte ein paar Tage zuvor einen Artikel über die schmerzloseste Zubereitungsweise gelesen, in dem eine Gegnerin des Kochens bei lebendigem Leibe eine Methode aus Neuseeland pries, bei der die Hummer zunächst im Eisfach ins Koma heruntergekühlt und dann mit einem Nadelstich durchs Zentralnervensystem hinter dem Kopfpanzer betäubt werden. »Klar«, nickte der alte Fischmeister. »Sie können ihm natürlich auch eine Handvoll Schlaftabletten geben.« Damit zog er zwei Exemplare aus dem Wasser, packte sie in eine Styroporkiste und sagte väterlich: »Junge Frau, glauben Sie bloß nicht den ganzen Quatsch, der über Hummer geschrieben wird. Die haben das Schmerzempfinden einer Kellerassel. Wenn Sie die nicht lebendig und in sprudelnd heißem Wasser kochen, dann können Sie sich gleich ein Hühnchen aus dem Supermarkt holen. Aber wie das ums Leben gekommen ist, wollen Sie auch nicht wissen. Ganz zu schweigen von den Kartoffeln, die alle weinen, wenn man sie aus der Erde zieht.«

»Ich habe genau gesehen, wie du gegrinst hast!«, sagte Karen, während ich die Hummerbox vorsichtig ins Auto stellte. »So herzlos könnt nur ihr Fischer sein.« »Meinetwegen können wir die Koma-Methode ausprobieren«, lenkte ich ein, um den

Abend zu retten. »Aber logisch ist sie nicht, denn wenn die Viecher tiefgekühlt sind, dauert es ja im heißen Wasser noch länger, oder?« »Koch sie, wie du willst«, antwortete meine Freundin. »Aber wehe, ich höre sie jammern.«

Zehn Minuten später lagen die Hummer wie rote Ritter aus der Tiefsee auf einem grünen Salatbett zwischen Maiskolben und Zitronenhälften. Ich sah nicht ohne Zufriedenheit, wie meine Freundin genüsslich jedes einzelne Hummerbein auslutschte. »Guck nicht so«, sagte sie und warf mit einem Scherenrest nach mir. »Jetzt, wo sie tot sind, muss man jedes Bisschen ehren.« Später tranken wir den restlichen Champagner auf der Veranda, und Karen sagte versöhnlich: »Das war gut. In vierzig Jahren kannst du wieder zwei Hummer kochen, wenn es dann noch welche gibt.«

Die Schatten der Vergangenheit streichen durch die Zimmer und scheinen in diesen verwitterten Wänden ein Zuhause gefunden zu haben. Sie sind bei uns auf diesem Hügel unter den Sternen, über jener Grenze zwischen Himmel und Meer, die mit der Nacht zu verschwimmen beginnt.

Wellfleet

Toward dawn we shared with you
your hour of desolation,
the huge lingering passion
of your unearthly outcry,
as you swung your blind head
towards us and laboriously opened
a bloodshot glistening eye,
in which we swam with terror and recognition.
Stanley Kunitz, *The Wellfleet Whale* (1985)

Fährt man von Truro auf der Route 6 in Richtung Wellfleet, kommt man auf der rechten Straßenseite an jenem Ort vorbei, an dem einmal Jim DeLorys Mobil-Tankstelle gestanden hat. Sie soll das Vorbild für Edward Hoppers Gemälde *Gas* von 1940 gewesen sein, das heute im Museum of Modern Art in New York hängt. Es ist eine Ikone der modernen amerikanischen Malerei geworden und eines der ersten Bilder, die eine Tankstelle als Tempel darstellen. Tatsächlich wirkt der Tankwart mit seinem weißen Hemd und der Krawatte wie ein Priester, der vor den drei roten Götzen der Zapfsäulen in der Dämmerung ein geheimnisvolles Ritual vollzieht. Der Pegasus auf dem Firmenschild der Tankstelle, das hoch über der Ausfahrt erstrahlt, scheint aufzufahren in jenen Himmel der Technik, der die Erlösung von aller irdischen Mühsal verspricht. Die Straße darunter führt dagegen in eine umschattete Finsternis, und es lässt sich wunderbar spekulieren, was Hopper damit andeuten wollte. Heute ist jene Tankstelle verschwunden, und es gibt nur noch Jack's Firewood, wo man kein Benzin mehr, dafür aber Feuerholz für den Kamin kaufen kann.

Wellfleet wurde schon 1609 von dem französischen Entdecker Samuel de Champlain angesteuert, der es wegen seiner reichen Austernbänke »Port aux huitres«, Austernhafen, taufte. Die Engländer, die nach ihm kamen, nannten ihre Siedlung aus ebendiesem Grund »Billingsgate«, nach dem ältesten Fischmarkt von London. Dreißig Jahre lang schickten sie Petition um Petition an den Gouverneur der Massachusetts Bay Colony, um die Eingemeindung mit dem benachbarten Eastham abzuwenden. Nachdem sie ihr Ziel endlich erreicht hatten, suchten sie einen neuen Namen, war der Walfang inzwischen doch ökonomisch bedeutender geworden als der Handel mit Austern. Um 1775 waren über dreißig Walfänger im Hafen der Gemeinde beheimatet, weswegen manche Historiker »Wellfleet« für eine nachträgliche Verballhornung von »Whalefleet« hielten. Einer ihrer Kapitäne, Jesse Holbrook, war so erfolgreich, dass er von einer Londoner Walfanggesellschaft als »Professor for Practical Whaling« angeheuert wurde und zwölf Jahre lang britische Kapitäne und Harpuniere ausbildete.

Die Bucht, in der Wellfleet Harbor liegt, nannten die Siedler ursprünglich »Grampus Bay« nach den vielen Grindwalen, die hier immer wieder strandeten. Josef Berger erzählt im *Cape Cod Pilot* die Geschichte von Joe Crocker, der eines Sonntags ein

Dutzend toter Grindwale am Strand entdeckte. Nach dem geltenden Strandrecht gehörten die Tiere demjenigen, der zuerst seine Initialen in ihre Haut schnitt. Crocker kerbte gerade mit seinem Taschenmesser am letzten Wal herum, als er von dem alten Methodistenpfarrer Williams überrascht wurde. »Arbeit am Sabbat, wie, Mister Crocker?«, fragte er missbilligend. »Aber wo, Herr Pastor«, wehrte Joe Crocker lachend ab und steckte sein Messer ein. »Bloß ein bisschen Hokuspokus.« »Lachen Sie nur«, erwiderte der Geistliche. »Heute lachen Sie, aber morgen werden Sie vom Teufel den Lohn für Ihren Hokuspokus bekommen.«

Und genau so kam es: Als Crocker am anderen Morgen zum Walölhändler im Hafen von Wellfleet ging, um einen Preis für seinen Fund auszuhandeln, hielt der ihm nur die neueste Zeitung mit der Schlagzeile auf der ersten Seite entgegen: »Erdöl in Pennsylvania!« Doch es kam noch schlimmer: Als die plötzlich wertlos gewordenen Wale zu stinken begannen, befand die Gemeindeverwaltung, dass ihr Besitzer sie auf eigene Kosten vom Strand zu entfernen hätte. Joe Crocker blieb nichts anderes übrig, als zwanzig Männer mit Ruderbooten anzuheuern und die Kadaver mit ihrer Hilfe ins Meer zu schleppen. »Joe Crocker«, schreibt Berger, »hatte gelernt, dass der Sonntag in Wellfleet heilig war.«

Wieder andere Lokalhistoriker behaupten, dass der Name Wellfleet auf die englische Hafenstadt an der Blackwater Bay zurückgeht, die ebenfalls für ihre Austern berühmt war. Während die Walfänger Ende des 19. Jahrhunderts nach New Bedford abwanderten und der Hafen versandete, sorgen die Austernfischer noch heute für Wellfleets kulinarischen Ruhm: Die »Wellfleet Oysters« sind bei Gourmets in ganz Nordamerika begehrt. Die Auster ziert sogar das inoffizielle Stadtwappen auf den Autoaufklebern ihrer Einwohner und Sommergäste.

Gegenüber von Wellfleet Harbor liegt Great Island, eine Landspitze, wo man am Strand entlangwandern kann, bis man am südwestlichsten Zipfel der Insel ankommt. Da der Fußweg wirklich lange dauert, wird man hier auch im Sommer kaum einer Menschenseele begegnen.

Uns hat die Legende von der Billingsgate Tavern hergelockt, einer versunkenen Piratenschenke, von der das Meer angeblich immer wieder Strandgut ans Ufer spült. Aber statt Golddublonen oder Entermessern entdecken wir nur Dutzende von Pfeilschwanzkrebsen im seichten Wasser, die gemächlich ihre Bahnen ziehen und hin und wieder eine Muschel knacken. Diese »lebenden Fossilien« haben ihr Aussehen in den letzten fünfunddreißig Millionen Jahren kaum verändert, und ihre direkte Ahnentafel reicht fast dreihundert Millionen Jahre zurück. Obwohl im Deutschen wie auch im Englischen als »Krebse« bezeichnet, sind die Pfeilschwänze tatsächlich mit den Spinnen und Skorpionen verwandt, dabei jedoch vollkommen harmlos. Schon die Wampanoag schätzten das Muskelfleisch aus dem Schwanzsegment und verwendeten dessen scharfe Spitze für ihre Pfeile und Harpunen. Die Pilger lernten von den Indianern, dass sich die Tiere als Dünger für die kargen Sandböden eigneten – wozu sie übrigens auch Hummer und Heringe verwendeten. Ihren wirklichen Wert erkannte jedoch erst die moderne Medizin, die sich vor allem auf die Erforschung ihrer Augen und ihres Chitinpanzers spezialisierte. Das Chitin gibt Aufschluss über beschleunigte Heilverfahren bei Hautverletzungen, und die Blutzellen wurden zu Grundbestandteilen für Medikamente gegen Bakterieninfektionen. Die Pfeilschwänze haben ihren Erforschern schon drei Nobelpreise eingebracht, und zurzeit wird ihr blaues Blut von der Krebsforschung untersucht.

Zum ersten Mal habe ich die Pfeilschwänze gesehen, als wir am Morgen nach unserer Ankunft auf Corn Hill zum Strand hinunterliefen und das Ufer nur so von ihnen wimmelte. Durch meine Fossiliensuche auf Rügen erinnerten sie mich entfernt an Trilobiten, doch sind die wesentlich kleiner und vor allem nicht mehr so lebendig. Die merkwürdigen Panzertiere hockten aufeinander und wurden von den Wellen hin und her geschaukelt.

»Was sind denn das für Fabelwesen?«, fragte ich Karen damals.

»Horseshoecrabs«, sagte sie. »Gibt es die bei euch nicht?«

»Hufeisenkrebse?«, schüttelte ich den Kopf. »Nie gehört. Was machen die hier?«

»Sieht aus, als wären sie inmitten der Liebe gestrandet, wahrscheinlich wegen der Ebbe. Wir müssen sie wieder ins Wasser schuffeln.«

Ich blickte mich um. Der Strand war in beiden Richtungen von liebestrunkenen Hufeisen bedeckt. »Das dauert Stunden«, protestierte ich. »Wir haben noch nicht mal gefrühstückt.« »Wenigstens die, die am weitesten auf dem Sand liegen«, bat meine Freundin. »Die anderen holt die Flut. Flut, Flut, Flut, mache alles wieder gut.« Die Flut kam tatsächlich zurück und begann schon langsam, über die Sandbänke zu rollen. Also packte ich das erste Paar und zog es in die Wellen am Spülsaum. Sie waren schwerer, als ich erwartet hatte. Karen applaudierte: »Two down, just eightynine to go.«

Da fiel mir eine Geschichte ein, die ich vor langer Zeit bei Arthur Miller gelesen hatte. Zur Jugendweihe bekam ich 1973 von unserer Patenbrigade auf dem Frosttrawler SAS *Svinöy* einen Kurzgeschichtenband. Darin fand ich die Erzählung *Bitte nichts töten*. Sie handelt von einem Paar, das bei einem Strandspaziergang am Atlantik auf Fischer trifft, die ihre Netze einholen und den Beifang, Knurrhähne und kleine Flundern, achtlos in den Sand fallen lassen. Die junge Frau erschrickt und bittet ihren Mann, die noch lebenden Fische wieder zurück ins Meer zu werfen. Auf dem Strand liegen meilenweit zappelnde Fische, und dann begegnen sie auch noch einem Hund, der den letzten Knurrhahn immer wieder aus dem Wasser apportiert, weil er das Ganze für ein Spiel hält. Dem Mann gelingt es schließlich, den Hund mit einem Stock abzulenken und auch noch diesen Fisch ins Meer zurückzubefördern. Die Frau umarmt und küsst ihn mit Tränen in den Augen, dankbar für sein Mitleid und sein Verständnis. Man kann also doch etwas von der Literatur lernen, dachte ich damals.

Erst später, nachdem ich Arthur Millers Autobiografie gelesen hatte, ahnte ich, dass der Geschichte wohl ein wahres Erlebnis mit Marilyn Monroe zugrunde lag. Ich hätte ihn gerne danach gefragt, als wir uns 1998 in der American Academy am Wannsee begegneten. Aber ich kam mir blöde vor, weil ihn wahrscheinlich jeder Zweite nach seiner Ehe mit der Monroe fragte. Also erzählte ich von meinem Jugendweihegeschenk, in der Hoffnung, er würde vielleicht von selber auf die Geschichte kommen. Stattdessen musste ich erklären, was eine Jugendweihe und eine Patenbrigade waren. »Who had ever thought«, sagte er lächelnd und gab mir die Hand. »Stop by and bring the book along, if you're back next time.« Das habe ich leider versäumt, aber wir haben uns an diesem Nachmittag noch ausführlich über seine Zeit als Seemann und Werftarbeiter unterhalten.

Nun musste ich lesen, dass wir die Pfeilschwänze damals bei der Eiablage gestört hatten.

»Oh well«, sagt Karen, nachdem sie einen Blick in das Faltblatt geworfen hat. »Wir haben damals ja höchstens zwanzig Stück ins Wasser gezogen. Die Eier hatten sie bestimmt schon vergraben.«

»Bestimmt«, sage ich. »Und die überleben ja auch im Wasser.«

Damit wandern wir weiter und sammeln kleine Pfeilschwanzkrebspanzer auf, die noch von der Häutung am Strand liegen, dünn und durchsichtig wie Pergamentpapier. So finden wir auf Great Island doch noch einen Schatz.

Wie wohlhabend Wellfleet einmal war, kann man noch heute bei einem Spaziergang von der Main Street zum Hafen sehen, wo viele der alten Kapitänshäuser stehen. Dabei kommt man auch am Gebäude der ehemaligen First Victorian Saving Band vorbei, das heute Jules Besch Stationers beherbergt, den wohl schönsten Papierwarenladen zwischen New York und Boston. Seit über zwanzig Jahren bietet Michael Tuck hier alles an, was die Herzen von Brief- und Kartenschreiberinnen höherschlagen lässt – von handgeschöpftem Papier mit getrockneten Blumen bis zu perlmuttbesetzten Füllfederhaltern und feinsten Tinten. Für seine Sammlung von maritimen Postkarten und Briefpapieren könnte Tuck ohne Weiteres Eintritt verlangen. »Aber das wäre nicht in Jules' Sinne!«, wehrt der große Mittfünfziger lachend meinen Vorschlag ab. Das Porträt des Ladengründers hängt gleich neben der kunstvoll ziselierten Registrierkasse, und der ältere Herr in dunkler Weste blickt wie ein Buchhalter mit Fernweh aus dem Fenster auf die Bucht, wo einst der Mastenwald der Walfänger emporragte.

»Jules Besch war ursprünglich ein kleiner Postbeamter, der als Junge mit dem Briefmarkensammeln begann und von den Frauen der Seeleute Umschläge aus aller Welt bekam«, erzählt Tuck. »So lernte er die verschiedensten Papiersorten kennen und begann, sich für ihre Herstellung zu interessieren und sie zu sammeln. Als er dann in Pension ging, machte er seinen Traum wahr und eröffnete ein kleines Papiergeschäft.« Aus dieser Tradition hat Michael Tuck einen Tempel von einer Papeterie aufgebaut, zu dem Sammler aus ganz Neuengland wallfahren. Das liebevoll renovierte viktorianische Haus über dem ehemaligen Hafen hat oft den Besitzer gewechselt und immer wieder Begehrlichkeiten geweckt. Kurz vor dem zwanzigjährigen Geschäftsjubiläum erklärte der neue Besitzer, dass er mit einem Bed & Breakfast sehr viel mehr verdienen würde als mit der Miete von »Jules Besch«. Aber da hatte er seine Rechnung ohne die Kundinnen von Michael Tuck gemacht: Sie organisierten eine Protestkampagne, wie sie Wellfleet seit den Tagen des Unabhängigkeitskrieges nicht mehr gesehen hatte. Der Besitzer verzichtete daraufhin vorerst auf seine Pläne, und Michael Tuck konnte zum Jubiläum jeder seiner Unterstützerinnen im Namen von Jules Besch am Eingang eine Rose überreichen. Die Ladenräume sind mit historischen Tapeten geschmückt, und die kostbarsten Federn und Papiere liegen in viktorianischen Vitrinen und auf antiken Sekretären. Hier läuft die Zeit noch durch ein Stundenglas. »Das ist wie beim Briefeschreiben«, lächelt Michael Tuck. »Das braucht ja auch mehr Zeit und Geduld als Twittern. Aber ich mache mir keine Sorgen. Briefpost ist so exotisch geworden, dass sich schon wieder eine kleine Gemeinde gefunden hat, die das als ein exzentrisches Hobby betreibt. Sehen Sie sich um.« Und tatsächlich, der Laden ist trotz des strahlenden Sommertags draußen gut besucht, und die Kundinnen tragen volle Einkaufskörbe zur Kasse. Wir verabschieden uns und freuen uns auf den nächsten Besuch.

Ein paar Schritte weiter führt Uncle Tim's Bridge über den Duck Creek auf eine Insel, die ein Winkerkrabbenparadies ist. Wir besuchen die Insel, um die Tausende kleiner Zehnfüßler zu beobachten, die wie von Geisterhand dirigiert in ihren Löchern verschwinden, sobald man ihnen zu nahe kommt. Vielleicht heißen sie auch deswegen auf Englisch *ghost*- oder *fiddler crabs*, weil die Männchen mit ihrer überdimensional großen Schere wie Mitglieder eines gespenstischen Streichorchesters erscheinen, das unermüdlich probt und schon bei der geringsten Störung im Orchestergraben abbricht und verschwindet. Ihre Urahnen gehörten zu jenen Meeresbewohnern, die als erste Amphibien ein Leben zwischen Wasser und Land führten, und ihre Nachfahren haben bis heute daran festgehalten.

Zum Lunch gehen wir ins Bookstore & Restaurant an der Kendrick Avenue, von dessen Balkon aus man die berühmten Austernbänke Wellfleets überblicken und den Austernfarmern bei der Arbeit zusehen kann. Hierher kam 1849 während seiner ersten Kapwanderung auch Henry David Thoreau und begegnete einem achtzigjährigen Austernhändler, der sich noch an George Washington und die Schlacht von Bunker Hill erinnern konnte oder dies zumindest behauptete.

Heute werden vor Wellfleet über fünfzig Hektar Wasserfläche mit Austern-Aquakulturen bewirtschaftet. Zwischen Mayo Beach und Indian Neck sieht man bei Niedrigwasser ganze Familien mit Muschelharken und Eimern beim *clamming*, dem Graben nach Quahogs, Venusmuscheln und Cherrystones. Letztere eignen sich besonders gut für Clam Chowder, Neuenglands berühmte Muschelsuppe, auf die wir noch zurückkommen werden.

Wellfleet ist auch stolz auf eine Tochter der Stadt, die Theatergeschichte geschrieben hat: Kapitän Simeon Attwoods Tochter Martha sang schon als kleines Mädchen im Kirchenchor und wurde bald mit anspruchsvollen Solopartien betraut. Eines Tages kam der Pastor zu Besuch und rückte nach längeren Höflichkeiten über Fangergebnisse und das Wetter mit dem Vorschlag heraus, dass man mit Marthas Talent unbedingt »etwas anfangen« müsse. »Was anfangen?«, fragte Kapitän Attwood misstrauisch. »Sie singt doch längst bei Ihnen. Meinetwegen kann sie da weiterträllern – solange sie ordentlich zur Schule geht und zu Hause klar Schiff macht.« Nach mehreren Besuchen überzeugte der Pastor den Kapitän, seine Tochter nach Boston aufs Konservatorium zu schicken. Wenige Jahre später debütierte sie im Opernhaus von Siena als Mimi aus *La Bohème*, woraufhin sie an die Met verpflichtet wurde. Dort wiederum hörte sie ihr ehemaliger Schulkamerad Reuben Baker. Die beiden heirateten und freundeten sich später mit Edward und Jo Hopper an, denen Reuben das Stück Land über Fisher Beach verkaufte. So schließen sich auf Cape Cod die Künstlerkreise.

Im Sommer 1997 fuhren wir nach dem Dinner noch zu Herridge Books, das eine beeindruckende Auswahl an Büchern über die Seefahrtsgeschichte und Naturkunde des Kaps führt. Im Untergeschoss stieß ich auf eine Reihe grüner *South Seas*-Bände von Robert Louis Stevenson, die ich jahrelang vergebens in Antiquariaten zwischen Edinburgh und New York gesucht hatte. Nun stand die Ausgabe plötzlich vor mir, und auch noch zu einem lächerlich niedrigen Preis. Vorsichtig blätterte ich die Bücher durch und bewunderte die Seekarte vom »Mare Pacificum« mit Windrose, Walen und Segelschiffen auf dem Vorsatzpapier.

Meine Begeisterung für die Geschichten des schottischen Erzählers ist seit der ersten Lektüre der *Schatzinsel* mit jeder neuen Entdeckung gewachsen. Unser Englischlehrer, ein ehemaliger Marinefunker, hatte uns im Unterricht aus Stevensons Meistererzählungen vorgelesen. Wir verstanden nur wenig, aber ich erinnere mich immer noch an die Bilder, die aus den Geschichten aufstiegen: die tote Alte aus der *Krummen Janet*, wie sie mitten in der stürmischen Nacht unter den schwarzen Weiden auf Pastor Soulis zuwankt; der nächtliche Kampf auf Leben und Tod zwischen Wiltshire und Case in *Der Strand von Falesa*; der brennende *Pavillon auf den Dünen* im Mondlicht über dem tosenden Meer. In Deutschland galt Stevenson lange als Jugendautor, der höchstens für seinen *Dr. Jekyll und Mr. Hyde* und den *Master von Ballantrae* einen der hinteren Plätze in der Literaturgeschichte beanspruchen durfte. Daran haben auch die begeisterten Urteile von Fontane bis Brecht wenig ändern können. Dank der Übersetzungen von Lucien Deprijck, Melanie Walz und Alexander Pechmann kann man heute nachlesen, dass wir auf Schriftsteller und Leser hören sollten, die, wie Arno Schmidt einmal schrieb, »sich die alten Bände seufzend durch die Jahrhunderte weiterreichen«.

Der zweite Schatz, den ich bei Herridge Books gehoben habe, war eine CD von A. L. Lloyd mit dem Titel *Leviathan!*, deren Cover Walfänger in der Antarktis zeigte und im Untertitel *Balladen und Lieder der Walfänger* ankündigte. Der Name sagte mir nichts, und auch der Buchhändler konnte uns nicht weiterhelfen. Wir nahmen die CD trotzdem mit und legten sie schon im Auto ein. Ein Wunder geschah: Statt der üblichen, stets etwas aufgesetzten Shanty-Fröhlichkeit ertönten Lieder, in denen Stolz und Wut auf die harte Arbeit der Walfänger mit schwarzem Humor und bitterer Poesie eine kunstvolle Balance hielten. Auf dem Höhepunkt seiner Karriere, so fand ich später heraus, wurde A. L. Lloyd von John Huston für die Shantys in dessen Verfilmung von *Moby Dick* engagiert. Dort ist der Sänger sogar für einen Augenblick zu hören und zu sehen, nämlich beim Auslaufen der *Pequod*.

»Wie kommt es eigentlich, dass ausgerechnet du, der große Walbewunderer, so begeistert von diesen Killer-Songs bist?«, fragt Karen, während wir auf der Route 6 in Richtung Eastham fahren.

»Weil sie ein Stück Geschichte sind, die den Wal mit dem Menschen verbinden«, antworte ich leichtsinnigerweise.

»Ja, mit einer Harpünenleine!«

»Damals ging es immerhin noch Mann gegen Wal«, versuche ich mich zu rechtfertigen. »Der Wal hatte eine ziemlich gute Chance, die Männer mit einem einzigen Schlag seiner Fluke zu erledigen. Das kannst du doch nicht mit den Killerschiffen der Japaner und Norweger vergleichen.«

»Nein? Aber getötet wurden die Wale trotzdem.«

»Ja, weil noch kein Erdöl gefördert und kein Petroleum hergestellt wurde. Auch die Indianer und die Inuit haben Wale gejagt.«

»Sicher, aber das sind keine Indianerlieder, sondern das Jagdgeheul der weißen Männer.«

»Der arbeitenden weißen Männer«, erlaube ich mir einzuwenden. »Das Proletariat zur See. Aber das kommt in eurer postmodernen Geschichtsschreibung ja nicht mehr vor. Die Proletarier haben eben das Pech, nicht zu einer Minderheit zu gehören. Und die Frechheit, Heteros zu sein, Fleisch zu essen, Bier zu trinken. Und dazu noch politisch unkorrekte Lieder zu singen.«

»Blutige Lieder! Alles, was nicht in dein schlichtes Weltbild passt, für postmodernen Quatsch zu erklären, ist auch nicht gerade die feine dialektische Art.«

Unseligerweise beginnt A. L. Lloyd in diesem Augenblick das Lied vom *Cruel Ship's Captain* zu singen. »Und was ist das? Musikalische Verhöhnepöppelung des Mordes an einem minderjährigen Schiffsjungen?«

Karens Wortverdrehungen stimmen mich wie immer sanft. »Das ist eine sogenannte Galgenballade, meine Liebe. Der Kapitän der *King Lynn* wurde für diesen Mord gehängt und das Lied zu einem populären Protestsong gegen die Grausamkeit vieler Walfangkapitäne.«

»Vom Booklet ablesen kann ich selber. Singen tut er jedenfalls so, als wäre *er* das Opfer!«

»Das ist ja gerade der dialektische Witz! Damit wurde es überhaupt erst möglich, die Selbstgerechtigkeit dieser Tyrannen darzustellen. Aber ihr hört da immer nur Rassismus und Sexismus und Animalismus. Oder wie heißt das, wenn man Tieren gegenüber politisch unkorrekt ist?«

»Meatlove«, lacht Karen. »Ich liebe es, wenn du dich aufregst. Du siehst dann so schön deutsch aus.« Und damit biegt sie zum Wildlife Sanctuary ab.

Wellfleet ist ein Ort mit weitläufigen Naturschutzarealen. Fast siebzig Prozent seiner Landschaftsflächen sind als *Conservation Lands* ausgewiesen. Eine der sehenswertesten ist das Mass Audubon Wellfleet Bay Wildlife Sanctuary, das sich über vierhundert Hektar Kiefernwald, Salzmarschen und Moore erstreckt. Es beherbergt Nist- und Brutplätze vieler seltener Seevogelarten, denen es auch seinen langen Namen verdankt. Die Vogelschutzorganisation Audubon Society bietet ornithologische Wanderungen und Kanufahrten an, Kurse zur Vogelbestimmung und -fotografie sowie Entdeckerkurse für Kinder. Sie trägt den Namen des großen Vogelkundlers und Malers John James Audubon.

Der auf Haiti geborene Franzose erkundete zwischen 1820 und 1838 die Vogelwelt Amerikas und dokumentierte in seinem monumentalen Werk *The Birds of America* über tausend Vogelarten in meisterhaft kolorierten Zeichnungen. Eine Erstausgabe dieses Folianten brachte es bei einer Auktion bei Sotheby's im Dezember 2010 auf sieben Millionen Pfund. Man kann bei Herridge Books aber auch preiswertere Ausgaben mit Audubons prächtigen Reihern, Seeadlern und Sturmmöwen finden und sie später auf dem Bay View Trail selbst beobachten.

Nachdem Audubon den Vögeln bis ins hohe Alter und quer durch den Westen bis an die Bänke des Missouri gefolgt war, kehrte er nach New York zurück und beendete im Frühjahr 1844 die letzten Blätter der fünfbändigen Ausgabe, die über tausend Subskribenten fand. Das Werk wurde zu seiner finanziellen Erlösung, und er konnte seine letzten Lebensjahre auf einer Farm verbringen, die heute Audubon Park heißt und zu Washington Heights gehört. Die National Audubon Society, die sich dem Schutz und Erhalt der amerikanischen Vogelwelt verschrieben hat, wurde 1886 gegründet. Neben der Pflege von Naturschutzgebieten wie dem Wellfleet Sanctuary organisiert sie auch eine jährliche Vogelzählung in allen US-Bundesstaaten.

Auf der Höhe des Audubon Sanctuary liegt an der Atlantikseite die »Marconi Area«, wo ein Pavillon und eine Büste an den italienischen Funk-Pionier Guglielmo Marconi erinnern, der hier 1901 seine drahtlose Funkstation einrichtete. Schon zwei Jahre später schickte er als erster Mensch in der Geschichte eine Funknachricht über den Atlantik. Im Namen von Präsident Roosevelt sandte er am 18. Januar 1903 König Edward VII. von England sehr originell »wärmste Grüße und beste Wünsche«. Damit begann der drahtlose transatlantische Funkverkehr, für den Marconi bald das Monopol besaß. Er hatte früh und zielstrebig begonnen, seinen Traum in die Tat umzusetzen. Schon als Junge studierte er auf dem Gut seiner Eltern bei Bologna die Arbeiten von Heinrich Hertz und James Maxwell und führte eigene Experimente durch. Nachdem er einen »Apparat zur Aufnahme elektrischer Schwingungen« nach dem Modell von Alexander Popow konstruiert und erfolgreich ausprobiert hatte, verlegte er seine Funkstation auf die Isle of Wight und gründete 1897 »Marconi's Wireless Telegraph Company« in London. Schon ein Jahr später gelang ihm die erste Verbindungsaufnahme vom South Foreland Lighthouse über den Ärmelkanal ins französische Wimereux.

Angespornt von diesem Erfolg, rief er die »Marconi Wireless Company America« ins Leben und suchte sich den abgelegenen Strand von Wellfleet für seinen ersten transatlantischen Funkspruch aus, dessen Rufzeichen »CC« für Cape Cod stand.

Von der Funkstation ist heute leider nichts mehr zu sehen, weil das Kliff, auf dem sie stand, längst im Atlantik versunken ist. Aber der Pavillon samt darin aufgestellen Büsten erinnern noch immer an Marconis Pioniertat. 1909 erhielt er zusammen mit Ferdinand Braun den Nobelpreis für Physik und wurde Präsident der Königlich Italienischen Akademie. Er experimentierte mit Kurzwellen und gründete 1930 auf Anregung von Papst Pius XI. *Radio Vatikan.* Als er am 20. Juli 1937 in Rom starb, trat für zwei Minuten weltweit Funkstille ein.

Am Strand von Wellfleet war Marconi auch auf die erstaunliche Idee gekommen, mithilfe der Funkwellen die Stimmen der Toten wieder hörbar zu machen – dem Energieerhaltungssatz nach mussten sie seiner Meinung nach noch immer über den Wogen des Atlantiks aufgehoben sein. Das mag esoterisch klingen, doch wer jemals nachts an einem Funkgerät gesessen hat, dem wird dieser Gedanke nicht ganz abwegig erscheinen. An Marconi Beach kann man die Stimmen der Schiffbrüchigen in sternklaren Nächten auch ohne Funkgerät hören, wenn man dem Wind nur lange genug lauscht.

Eastham

Provincetown for beauty,
Wellfleet for her pride –
If it hadn't been for milk cans
Eastham would've died.
Sprichwort (um 1870)

Eastham war für uns lange nur eine Zwischenstation auf dem Weg nach Truro, wo wir anhielten, wenn wir uns über das Sommerprogramm der Cape Cod National Seashore informieren wollten. Die Stadt gilt als das Tor zu diesem 1961 unter der Präsidentschaft von John F. Kennedy eingerichteten Naturschutzgebiet zwischen Coast Guard Beach und Pilgrim Heights. Sie ist durch den ersten Zusammenstoß zwischen Pilgern und Indianern am First Encounter Beach, wo heute eine Tafel an das Ereignis erinnert, in die Geschichte des Kaps eingegangen. Auf der Suche nach einem besseren Siedlungsort als der Provincetown Bay wurden die Engländer im Morgengrauen des 7. Dezember 1620 von den Nauset unter lautem Kriegsgeheul angegriffen und mit Pfeilen übersät. Sie antworteten mit Musketensalven, welche die Indianer trotz ihrer Überzahl offenbar so beeindruckten, dass sie sich zurückzogen. Doch auch die

Pilger hielten es nach diesem Schock für klüger, zur *Mayflower* zurückzurudern. Erst vierundzwanzig Jahre später kehrten sie unter der Führung von Thomas Prence aus Plymouth hierher zurück. Prence gelang es, den Indianern ihr Land im Tausch gegen ein paar Äxte abzuhandeln und Eastham zu gründen.

Durch das gute Heu des Marschlandes gediehen die Herden der Farmer besser als andernorts, und Eastham wurde für seine Milch berühmt. Gustavus Smith konnte die erste Fleischfabrik auf dem Kap aufbauen, die ihn später zu einem der Gründer der großen Fleischhöfe Chicagos machen sollte. Henry David Thoreau war 1850 zu Ohren gekommen, dass Eastham seit seiner Gründung ein besonders frommer Ort gewesen sei. In der Ortschronik fand er schließlich schlagende Beweise, die er in *Cape Cod* zitiert: »Im Jahre 1665 verabschiedete das Gericht ein Gesetz, wonach jeder mit körperlicher Züchtigung bestraft würde, der in den Orten dieses Gouvernements wohnte und die heiligen Schriften leugnete. Es wurde von der Stadt in einer Abstimmung beschlossen, dass sämtliche Personen, die sich während des Gottesdienstes außerhalb der Gemeinde aufhielten, an den Pranger gestellt werden sollten.« Thoreau erklärte sich diese Frömmigkeit durch den großen Frauenüberschuss: Die Männer waren auf See und ihre Gattinnen mit dem Geistlichen allein und umso anfälliger für Erweckungsversuche. Verzückt stickten sie selbst gereimte Sprüche auf ihre Schmucktücher, wie auf jenes, das man noch heute im Swift-Daley House bewundern kann:

> *Sarah Palfrey is my name,*
> *Cape Cod is my station,*
> *Eastham is my dwelling place*
> *And Christ is my salvation.*

Dieser Brauch beschränkte sich in der jungen Nation keineswegs auf einsame Seemannsfrauen in Fischerdörfern, sondern breitete sich an der gesamten Küste in allen Spielarten wiedergeborener Verzückung aus. Doch die ersten und sicherlich auch engsten Gürtellöcher im Bible Belt Neuenglands wurden auf dem Kap ausgeschnitten.

Heute zeugen die vielen Kirchen am Straßenrand von Eastham noch immer von der glaubensstarken Vergangenheit der Stadt. Die Sommergäste pilgern eher zum Nauset Light Beach oder ins ausgedehnte Marschland zwischen dem Salt Pond Visitor Center und dem Coast Guard Beach, wo Henry Beston sich 1925 sein »Outermost House« bauen ließ. Fast zwei Jahre lang lebte er dort in den Dünen am Atlantik und schrieb das Buch mit dem gleichnamigen Titel, das ihn zu einem der bekanntesten Autoren des American Nature Writing machen sollte.

Henry Beston wurde 1888 in Boston als Sohn eines Arztes mit irischen Wurzeln und einer französischen Mutter geboren und wuchs zweisprachig in Quincy, Massachusetts, auf. Er besuchte Harvard, studierte Englische und Französische Literatur und schloss 1911 mit einem Master of Arts ab. Nach einem Lehrauftrag an der Universität von Lyon diente er ab 1914 in der französischen Armee und fuhr, genau wie sein Landsmann Dos Passos, Ambulanzwagen. Seine Erlebnisse an der Front und während der Schlacht von Verdun beschrieb er in seinem ersten Buch *A Volunteer Poilu* von 1916. Zwei Jahre später war er als Kriegsberichterstatter auf Schiffen der US Navy und der britischen Grand Fleet unterwegs und schilderte die Seegefechte im Nordatlantik in seiner Reportage *Full Speed Ahead!*, die 1919 erschien. Im selben Jahr begann er an der Arbeit für sein erstes Kinderbuch mit dem Titel *The Firelight Fairy Book*. Aber alle Elfen und Feen konnten die Erinnerungen an die Schrecken des Krieges nicht bannen, weshalb Beston beschloss, nach Cape Cod zu gehen und abgeschieden in einer einfachen Hütte am Atlantik zu leben wie achtzig Jahre zuvor Henry David Thoreau am Walden Pond.

Im September 1926 zog er ein und wollte zunächst für zwei Wochen bleiben. Es wurden fast zwei Jahre. »Als der Herbst kam, hatten mich die Schönheit und das Geheimnis dieser Erde und der See so gefangen genommen, dass ich nicht mehr fortgehen konnte«, schrieb er im ersten Kapitel des *Outermost House*. »Je länger ich blieb, desto besser wollte ich diese Küste kennenlernen und ihr geheimnisvolles, elementares Leben.«

Beston füllte Notizbuch um Notizbuch, bis er im Herbst 1927 das Kap verließ, um seine Verlobte Elizabeth Coatsworth zu heiraten, die er während seiner Zeit als Redakteur kennengelernt hatte und die selber Schriftstellerin war. Sie glaubte an sein Talent und war eine Frau, die nicht viel Worte machte. »Kein Buch, keine Heirat«, lautete ihre Antwort auf seinen Antrag. Beston kehrte aufs Kap zurück und schrieb *The Outermost House* binnen eines Jahres. Im Herbst 1928 konnte Beston das Manuskript veröffentlichen, und es wurde zu einem der erfolgreichsten Naturbücher seiner Zeit. Rachel Carson, der wir in Woods Hole wiederbegegnen werden, sagte einmal, dass Henry Beston der einzige Schriftsteller gewesen sei, der ihre Arbeiten je beeinflusst habe. Die Sprache, mit der Beston seine Beobachtungen zwischen Dünen und Meer beschrieb, hat bis heute nichts von ihrer Poesie verloren. »Die drei großen elementaren Klänge in der Natur sind der Gesang des Regens, der Gesang des Windes in einem urzeitlichen Wald und der Gesang des Meeres am Strand. Ich habe sie alle gehört, und von diesen drei elementaren Stimmen ist die des Meeres die großartigste, die schönste und die vielfältigste.«

Ich habe das Buch im Sommer 2012 in Eastham gefunden und am Long Nook Beach gelesen, während die Brecher des Atlantiks mit ihren vom Winde verwehten weißen Mähnen ans Ufer rollten. Außer bei Melville, Stevenson und Conrad habe ich die Sprache von Meer und Wind nirgends so eindrucksvoll beschrieben gefunden wie im *Outermost House.* 1949 erschien anlässlich des zwanzigsten Jahrestages der Erstveröffentlichung eine Sonderausgabe, und zehn Jahre später schenkte er sein »Fo'castle« genanntes Haus der Massachusetts Audubon Society, deren Mitglieder dort Vogelbeobachtungen durchführen und an ihren Forschungen arbeiten konnten. Zuletzt verbrachte Nan Turner Waldron zwischen 1961 und 1977 ihre Sommer in dem inzwischen legendären Haus, das 1964 zum National Literary Landmark erklärt und zum Schutz vor dem sich nähernden Atlantik weiter landeinwärts versetzt wurde. Doch auch das konnte das Haus am Rande der Dünen nicht vor dem Hurrikan im Februar 1978 retten, der es mit hinaus aufs Meer nahm. Vielleicht hätte Beston, der schon 1968 gestorben war, dieses Ende sogar gefallen.

Zu den interessantesten Entdeckungen unseres Sommers in Eastham gehört Kapitän Edward Pennimans Haus bei Fort Hill, auf das ich durch ein Foto im Salt Pond Center aufmerksam geworden bin. Es zeigte einen Torbogen, geformt aus zwei großen Finnwal-Kieferknochen, über der Auffahrt eines quadratischen Hauses mit einem merkwürdig hohen Dachgeschoss, das von einem weißen Ausguckturm gekrönt war. Im Center ist ein Großteil der Hinterlassenschaft aus Kapitän Pennimans

Fahrenszeit ausgestellt – von seinen nautischen Instrumenten und Logbüchern bis hin zu einer Sammlung von Scrimshaw, jenen Pottwalzähnen, auf denen Bilder von Walfangschiffen und Seemannsbräuten eingeritzt sind und die zu den begehrtesten Antiquitäten aus Neuengland zählen. Die Walfänger kerbten all ihre Träume und Sehnsüchte in die schweren Zähne, denen sie entkommen waren, und schwärzten die Zeichnungen anschließend mit Ruß aus den Trankesseln. Ishmael vergleicht diese Kunstwerke in *Moby-Dick* mit den Holzschnitten Albrecht Dürers und preist sie als »elfenbeinerne Chroniken des Walfangs«.

Vor dem weiß getünchten Walkiefer-Tor empfängt uns ein untersetzter Mann in der Uniform des National Park Service. George Reinharts Vorfahren kamen aus Baden-Württemberg, er selbst lebt heute als Pensionär in Wellfleet, arbeitet jedoch seit über zehn Jahren für die National Seashore. »Willkommen im ehemals teuersten Haus von Eastham!«, begrüßt er uns, als wir mit einer kleinen Gruppe das Foyer betreten. »Die Architektur, die Ihnen wahrscheinlich merkwürdig vorkommt, nennen die Historiker ›Second French Empire‹. Aber das ist nicht das einzig Merkwürdige, obwohl dieser Stil auf dem Cape tatsächlich eher selten vorkommt. Merkwürdig ist auch das Dachgeschoss, das Ihnen sicher schon aufgefallen ist. Zu Kapitän Pennimans Zeiten wurden die Häuser nach Stockwerken besteuert, und der Kapitän wollte seinem Namen wohl alle Ehre machen: Von außen sieht das Haus zweistöckig aus, in Wirklichkeit hat es aber drei Stockwerke. Der Alte war mit allen Wassern gewaschen, nicht nur beim Steuersparen.« Kapitän Penniman, so erfahren wir während des Rundgangs, ging 1842 mit nur elf Jahren zur See und befuhr alle Walfanggründe von den Azoren bis zu den Aleuten. Er arbeitete sich in achtzehn Jahren vom

Schiffsjungen und Koch bis zum Kapitän hoch und nahm nach der Hochzeit seine Frau Bessy mit auf die langen Fangreisen an Bord der *Europa*. Nach sechsundzwanzig Jahren auf See hatte er mit Walöl ein Vermögen gemacht und ließ sich sein Haus nach eigenen Entwürfen auf Fort Hill bauen. »Dies war eines der ersten Häuser auf Cape Cod, die sowohl Zentralheizung als auch eine Badewanne und eine Toilette mit Wasserspülung hatten«, schwärmt Reinhart. »Hier im Salon sehen Sie Walöllampen, die findet man auch nur noch selten. Als es mit dem Walfang zu Ende ging, wurden sie auf Petroleum umgestellt, später sogar auf Strom. Der Kapitän lebte noch fünfundvierzig Jahre hier, er starb erst 1913. Seiner Tochter war das Haus zu groß und das Cape zu windig, sie verkaufte es und ging nach Kalifornien.

Als 1961 die National Seashore als Naturschutzgebiet eingeweiht wurde, kaufte der Park Service das Haus. Aber da waren die meisten Möbel und Einrichtungsgegenstände leider schon auf einer Auktion verhökert worden. Wir hatten Glück, dass wenigstens Pennimans maritime Sammlung erhalten geblieben ist. Während der Renovierung haben wir auf dem Dachboden eine Kiste mit alten Fotografien gefunden, von denen wir einige vergrößert haben. Da können Sie sehen, wie luxuriös dieses Haus einmal war.« Tatsächlich sieht man auf den Bildern strahlende Kristalllüster, schwere Eichenmöbel und kostbare Tapeten und Teppiche, die an das Goldene Zeitalter erinnern, wie es Mark Twain und Henry James beschrieben haben.

»Die Jahre zwischen 1850 und 1900 gehörten zur erfindungsreichsten und produktivsten Zeit in der Geschichte der Vereinigten Staaten«, bestätigt George Reinhart. »Mit Walöl wurden nicht nur die Reeder und die Kapitäne reich, sondern auch die Werftbesitzer, die Schiffsausrüster, die Raffinerie-Eigner und natürlich die Banken und Versicherer. Aber die ganze Herrlichkeit ging zu Ende, als 1859 Erdöl gefunden und daraus Petroleum hergestellt wurde. Kapitän Penniman hatte da allerdings längst ausgesorgt.« Von den Fotografien blickt uns ein altes Ehepaar entgegen, das offenbar nicht nur die Stürme auf den Weltmeeren, sondern auch die Klippen einer langen Ehe glücklich umschifft hat. »Die beiden haben gern Karten gespielt und lange Spaziergänge gemacht. Wer zusammen zur See gefahren ist, der hält es auch in einem Haus am Ende der Welt aus. Und die Landschaft hier ist ja sehr abwechslungsreich. Wenn Sie die Fort Hill Road weiterfahren, kommen Sie zur Nauset Marsh, die lohnt einen Spaziergang.« Wir bedanken uns, fahren bis zum Ende der Straße und wandern eine Stunde auf den verwehten Spuren von Kapitän Penniman und seiner Frau.

Eine weitere Sehenswürdigkeit von Eastham sind seine Leuchttürme. Nauset Light war ursprünglich ein Leuchtturm aus Chatham, der von seinem Zwillingsturm getrennt und 1877 hierher an die Küste umgesetzt wurde. Bevor man ihn erreicht, passiert man die Three Sisters Lighthouses, die zwischen 1918 und 1923 von ihren früheren Standorten landeinwärts gebracht wurden, weil sie durch fortschreitende Erosion ins Meer zu stürzen drohten. Da inzwischen jedoch das Nauset Light seinen Dienst tat, stellte man sie an einem Waldrand an der Cable Road auf und vergaß sie. Drei einsame Schwestern, die noch immer von jener stürmischen Zeit träumen, als ihr Licht die Schiffe auf hoher See grüßte und mit ihnen um die Welt fuhr.

Chatham

You may talk about your Boston gals
and round-the-corner-Sallies,
but they couldn't make the grade, me boys
with gals from Cape Cod alleys.

Cape Cod Shanty (um 1850)

Wir hätten Chatham wohl nie besucht, wäre es Karen nicht eines Tages eingefallen, dass ihre Großmutter und ihre Tanten hier im Sommer 1947 im legendären Chatham Bars Inn als Hausdamen und Kellnerinnen gearbeitet und noch Jahrzehnte später vom Charme dieses alten Luxushotels geschwärmt hatten. Da sie an ihrer Familienchronik schrieb, wollten wir die Archive der Grand Old Lady der Cape-Cod-Hotels aufsuchen, die 2014 ihren hundertsten Geburtstag feierte. Außerdem hatten uns viele Freunde von den unberührten Stränden auf Morris Island und im Monomoy Wildlife Refuge erzählt. Um mich endgültig ins Chatham-Boot zu holen, zeigte mir Karen Berichte, nach denen in den vergangenen Sommern vor Nauset Beach die häufigsten Sichtungen Weißer Haie verzeichnet worden waren. Überdies gehört die Chatham Fish Pier zu den wenigen noch aktiven Fischereihäfen auf Cape Cod.

Also buchten wir ein Apartment am South Beach und fuhren los. Während der Ferienverkehr sich langsam über den Massachusetts Turnpike und die Bourne Bridge schob, las ich Karen die Geschichte des Orts aus der Zeit vor der Ankunft ihrer Großeltern vor.

Als Samuel de Champlain im Herbst 1606 vor Monomoy ankerte, um das beschädigte Ruder seines Schiffs reparieren zu lassen, fiel sein Blick auf die Lagerfeuer des gleichnamigen Indianerstammes an der Küste. Die Monomoy kamen in ihren Kanus vom Ufer herangefahren und lotsten das Schiff in die sichere Bucht von Stage Harbor. Sie zeigten den Franzosen den Reichtum ihrer Gewässer: Kabeljau, Hummer und Muscheln. Besonders beeindruckt war Champlain jedoch von den Unmengen an Wildvögeln und Austern. Während Zimmerleute und Schmiede das Ruderblatt ausbesserten, ging er mit seinen Offizieren auf die Jagd.

Die Indianer brachten Mais, Nüsse und wilde Trauben und tauschten sie gegen kleine Messer und gläsernen Schmuck. Die Begegnung schien in schönster Friedfertigkeit zu verlaufen, bis einer der Monomoy Gefallen an einer eisernen Axt fand und von Sieur de Poutrincourt des Diebstahls bezichtigt wurde. Es folgte, was sich in den kommenden Jahrhunderten so oft blutig wiederholen sollte: Schüsse fielen, die Indianer flohen in die Wälder und überfielen am nächsten Morgen das Lager der Franzosen. Die Toten wurden auf beiden Seiten beklagt und begraben, und die Saat von Misstrauen und Hass war gesät.

Heute ist von den Monomoy nur der Name der langen Insel geblieben, die Chatham vor den Sturmfluten des Atlantiks schützt.

Vor der Küste Chathams fiel im November 1620 auch die

folgenreiche Entscheidung von Christopher Jones, dem Kapitän der *Mayflower*, sein Schiff nicht weiter südlich in Richtung Hudson zu steuern, sondern umzukehren und in der Provincetown Bay vor Anker zu gehen. Ohne Seekarten für diese Gewässer war der Kapitän in die Nähe der gefürchteten Pollock Rip Shoals gekommen, die alsbald als »Friedhof des Atlantiks« berüchtigt waren. Angesichts der plötzlich immer geringer werdenden Wassertiefe und zunehmend heftiger Brandung drehte Kapitän Jones bei und machte Cape Cod zum ersten Landungsort der Pilgerväter.

In der Bucht von Ryder's Cove soll auch das Grab von Squanto liegen, dem Dolmetscher der Pilgerväter, der im November 1622 hierher vor seinem Feind Massasoit geflohen und gestorben war. »Er bat den Gouverneur, für ihn zu beten, auf dass er zum Gott der Engländer in den Himmel kommen möge«, schreibt William Bradford in seiner *Geschichte der englischen Siedlungen*. »Sein Tod war ein großer Verlust.« Man nimmt heute an, dass Bradford diesen frommen Wunsch nachträglich ein wenig mitformuliert hat, um den Fortschritt des wahren Glaubens anzuzeigen. Nichtsdestotrotz sollte der von Squanto ausgehandelte Friede fast fünfzig Jahre währen. Noch heute erinnert die Ortschaft Squantum bei Quincy, Massachusetts, an jenen Sohn der Patuxet, der sechs Mal den Atlantik überquert und versucht hatte, ein Nebeneinander der roten und weißen Männer in einer Welt zu ermöglichen, in der Platz für beide gewesen wäre.

1665 kam William Nickerson aus Yarmouth und kaufte dem Sachem Mattaquason das Land zwischen Pleasant Bay und Nantucket Sound für ein Boot und ein paar Glasperlen ab. Nach jahrelangen Querelen mit den Gerichtsherren in Plymouth gründete er 1712 schließlich Chatham, das er nach der englischen

Seefahrerstadt in der Grafschaft Kent benannte. Durch die geschützte Lage des Stage Harbor wurde Chatham bald zum Fischerei- und Handelszentrum, von dessen Wohlstand noch heute die imposanten Villen entlang der Old Harbor Road zeugen.

Eine der ältesten, das Atwood House, stammt von 1752 und ist heute ein Museum, in dem man die komplette Wohnung aus der Zeit Kapitän Joseph Atwoods besichtigen kann, eines der angesehensten Männer der Stadt. Aber trotz ihrer geschäftlichen Respektabilität waren die Bewohner Chathams auf dem Kap als *mooncussers* verschrien, was so viel wie »Mondverflucher« heißt und Strandräuber bedeutet. Angeblich verfluchten diese Leute den Mond, weil er durch sein nächtliches Licht ihr finsteres Gewerbe störte, nämlich fremde Schiffe mithilfe von Laternen auf die Sandbänke vor Monomoy zu locken. Bis in die Mitte des 18. Jahrhunderts galt auf dem Kap das »Strandrecht«, das denjenigen, die den Besatzungen gestrandeter Schiffe aus Seenot halfen, einen bestimmten Anteil an der Ladung garantierte. Auch an deutschen Küsten war zu dieser Zeit das Nachtgebet »Herr, segne unseren Strand!« noch weit verbreitet. In Chatham soll die Gier so weit gegangen sein, dass einige der Alteingesessenen vehement gegen die Errichtung eines Leuchtturms protestierten.

Unter den maritimen Mitbringseln von Kapitän Atwood befinden sich ein paar Südseeschnecken, die mich an die rote Helmschnecke erinnern, die im Dachzimmer meiner Großmutter auf dem grünen Kachelofen lag. Niemand wusste, wie sie nach Rügen gekommen war. Meine Großmutter zeigte mir jedoch, wie man darin das Meer rauschen hören konnte.

Auch die Herkunft der Seeschnecken Kapitän Atwoods ist ungeklärt, aber wie viele Cape Codder hat er auch den Pazifik befahren und dabei sicherlich einige der Inseln angesteuert, auf denen die Landsleute Queequegs zu Hause waren. Südsee-insulaner galten als ebenso gute Harpuniere wie die Männer von den Azoren, und man traf sie in den Tagen des Walfangs auf dem Kap ebenso wie in New Bedford. »Queequeg war aus Kokovoko gebürtig, einer Insel im fernsten Süden und Wes-ten«, schreibt Melville in *Moby-Dick* über Ishmaels pazifischen Blutsbruder. »Sucht sie nicht auf der Karte. Die wahren Orte findet man dort nie.« Melville macht aus ihm den Sohn eines Inselhäuptlings mit unstillbarem Fernweh, das ihn schließlich an Bord eines Walfängers bis nach Neuengland bringt. Dort muss er erkennen, dass die angeblich zivilisierte Welt des wei-ßen Mannes um keinen Deut besser ist als seine kannibalische Heimat. »Es ist eine böse Welt in allen Breiten«, lautet sein Fa-zit. »Aber wir Kannibalen müssen euch Christen helfen.«

In einem Stallgebäude des Atwood House sind drei große Wand-gemälde ausgestellt, die die Malerin Alice Stallknecht zwischen 1931 und 1945 geschaffen hat und die zu den bemerkenswer-testen Kunstwerken auf Cape Cod gehören. Sie hatte in New York Malerei und Grafik studiert und war 1910 mit ihrem Mann nach Chatham gekommen. Fasziniert von den Gesichtern und Geschichten der Einheimischen, begann sie mit Porträtskiz-zen, bis sie Anfang der Dreißigerjahre durch die Wandgemäl-de Diego Riveras und Thomas Hart Bentons die Idee für ein Triptychon entwickelte. Es sollte Christus zeigen, der von ei-nem Fischerboot aus zu seiner Gemeinde predigt, damals eine kühne Idee, zumal ihr ein echter Fischer Modell stand, dessen Namen Stallknecht niemals preisgab. Als Klatsch und Tratsch nicht aufhörten, beschloss sie, in einem zweiten Bild die ganze

Gemeinde abzubilden. Die war daraufhin nur noch mit der Frage beschäftigt, wer wie gut getroffen war, und vergaß darüber den umstrittenen Christus.

Alice Stallknecht ist mit diesen beiden Bildern des predigenden Christus und des Gemeindeessens das Porträt einer Kleinstadt in Neuengland gelungen, die zwar noch von den Folgen der Wirtschaftskrise gezeichnet, aber auch in Solidarität und Stolz vereint ist und Brot und Wein beim gemeinsamen Abendmahl teilt. Von 1935 bis 1943 hingen beide Tafelbilder in der First Congregational Church. Dann wurde die Malerin ohne Angabe von Gründen aufgefordert, sie zu entfernen. Vielleicht waren dem neuen geistlichen Herrn der proletarische Menschenfischer und seine Gemeinde zu profan. Vielleicht war es auch das Klima der McCarthy-Ära, die in Wandbildern dieser Art den Beweis für die kommunistische Unterwanderung der amerikanischen Kunst sah.

Alice Stallknecht erwarb bei einer Auktion einen leer stehenden Eisenbahnschuppen, ließ ihn in ihren Garten verfrachten und vollendete darin das dritte Bild, das im Atwood House hängt und Menschen aus verschiedensten Berufen zeigt: Fischer und Werftarbeiter, Handwerker und Ladenbesitzer, Lokalpolitiker und Sommergäste – insgesamt über fünfzig Figuren. Allein diese drei Tafelbilder lohnen den Ausflug nach Chatham. Sie zeigen das Bild jenes »anderen Amerikas«, das heute auf dem Kap nur noch an wenigen Orten zu finden ist.

Nach unserem Besuch im Atwood House fahren wir zur Eldridge Public Library, der Bibliothek von Chatham, um uns nach dem Verbleib der alten Geschäftspapiere des Chatham Bars Inn zu erkundigen. Die Eldridge Library ist ein imposanter Backsteinbau, 1896 von dem Geschäftsmann Marcellus Eldridge gestiftet, dem Chatham auch seine Eisenbahnverbindung und das erste Hotel verdankte. Eldridge hatte ein Faible für Bücher und ließ ihnen mit der Bibliothek einen kleinen Palast bauen: eichene Holztäfelung mit eingebauten Regalen, ein Kamin mit handgeschnitztem Rahmen, italienische Mosaikfußböden und großzügige Lesetische mit polierten Messinglampen. Während Karen mit der Bibliothekarin spricht, suche ich nach den Werken von Joseph Crosby Lincoln, einem der populärsten Autoren Cape Cods zu Beginn des 20. Jahrhunderts. Ich will einen kurzen Blick hineinwerfen und mir ein paar Zitate herausschreiben, um später meine umfängliche Belesenheit in Fragen der Kap-Literatur unter Beweis zu stellen. Aber mit einem kurzen Blick, so merke ich bald, ist es nicht getan. Zwischen 1903 und 1943 hat der unermüdliche Lincoln über 45 Bücher verfasst: von den *Cape Cod Ballads* bis zur Familiensaga *The Bradshaws of Harniss*. Normalerweise verliere ich bei maritimer Literatur meinen kritischen Blick – fast alles, worin Schiffe und Seeleute, Wale und Walfänger vorkommen, verschlinge ich vorurteilslos. Bei Mister Lincoln geht es allerdings selbst mir ein bisschen zu schunkelig zu: schrullige alte Leuchtturmwärter, verschmitzte Fischer, treusorgende Seemannsbräute und aufgeweckte Jungs, die alle unbedingt zur See fahren wollen und sich scheinbar für nichts anderes interessieren. Hier spare ich mir deshalb die Zitate.

Da Karen die Auskunft erhält, dass die überlieferten Dokumente wahrscheinlich im Hotel selbst zu finden sind, verlassen wir das Bücherparadies wieder. Vor dem Orph Theater steht bei schönstem Sommerwetter eine Menschenmenge, die geduldig auf Einlass wartet. Sneakpreview oder lokaler Art House Film? Karen zeigt auf die blutroten Buchstaben über dem Eingang. »*Jaws*«, sagt sie. »Hab ich gestern in der Zeitung gelesen. *Der Weiße Hai* feiert diesen Sommer vierzigjähriges Jubiläum. Wollen wir nicht reingehen, als kulturelle Erfahrung? Da kannst du dann drüber schreiben.« »Bei dem Wetter?«, frage ich ungläubig. »Vielen Dank, aber ich habe meine *Jawmania* schon hinter mir. Damals habe ich einen Sommer lang sogar in der Ostsee die schwarze Rückenflosse gesehen.«

Als wir am Yellow Umbrella Bookstore vorbeikommen, liegt das Buch in der Auslage. »Das kaufe ich dir«, beschließt Karen. »Dann kannst du mir am Strand daraus vorlesen. Und wenn wir Glück haben, kommt ein Weißer Hai vorbei.« Meine Freundin ist sehr erfindungsreich, wenn es darum geht, Gründe zu finden, einen Buchladen zu betreten. Wenn sie dann mit einer vollen Tüte wieder herauskommt, schwört sie jedes Mal, ein ganzes Jahr lang keine Bücher mehr zu kaufen. Der »Gelbe Regenschirm« erweist sich diesbezüglich als gefährliches Terrain, denn allein seine Auswahl an antiquarischen Büchern über das Kap reicht, um einen ganzen Nachmittag herumzustöbern. Doch Karen kommt tatsächlich nur mit *Jaws* und einem Wälzer mit dem Titel *Ahab's Wife* zurück. Ein Prequel zu *Moby-Dick*?

»Na und? Melville hat selbst seinen Stoff aus fremden Büchern gefischt. Außerdem sagst du immer, es kommt auf den ersten Satz an, und der lautet: ›Kapitän Ahab war weder mein erster noch mein letzter Mann.‹ Klingt doch vielversprechend, oder?« Was soll man da sagen? Mir fällt nur Humphrey Bogart ein: »Ein kluger Mann widerspricht seiner Frau nicht. Er wartet, bis sie es selber tut.« Aber das sage ich natürlich nicht, sondern frage, ganz im Geiste Bogarts: »Wäre es jetzt nicht Zeit für einen Drink im Chatham Bars Inn?« »Genau da will ich hin«, sagt Karen und schließt die Wagentür auf.

Die Grand Old Lady der Hotels auf Cape Cod blickt über die elegante Shore Road auf die Pleasant Bay mit der Souveränität von hundert Jahren unumschränkter Herrschaft. Nachdem der Bostoner Börsenspekulant Charles Ashley Hardy 1912 das Land an der Küstenstraße gekauft hatte, konnte er schon zwei Jahre später das Haus samt neun angegliederten Strand-Cottages mit einem rauschenden Fest eröffnen. Es gab elektrisches Licht, Zentralheizung, warme Meerwasserbäder, internationale Telefonverbindungen und eine eigene Farm für das Frühstücksbüfett. Die Damen und Herren der High Society kamen aus New York, Boston und Washington, um hier Golf zu spielen, zu jagen und ihre Martinis zu trinken. Während der Prohibition versorgten dann die *rum runners*, Schmuggler aus Kanada und der Karibik, die durstige Elite, die sich den Scotch in silbernen Teekannen servieren ließ. 1924 kam Hardy bei einem Jagdunfall ums Leben, und das Hotel wurde von einer Aktiengesellschaft weitergeführt. Sein Ruf war inzwischen so feudal, dass selbst die holländische Königsfamilie während ihres amerikanischen Exils im Zweiten Weltkrieg das Haus als Sommersitz nutzte.

»Also haben deine Tanten königliche Betten gemacht?«, frage ich, als wir die breite Freitreppe zum Hotel hinaufgehen. »Das will ich ja gerade herausfinden«, antwortet Karen. Zwei junge Männer öffnen uns die Flügeltüren und sagen im Chor: »Welcome to the Chatham Bars Inn!«

Drinnen herrscht gedämpftes Licht und lautlose Gediegenheit. Kellnerinnen schweben über spiegelndes Parkett, die Damen an der Rezeption flüstern in ihre Telefone. Teppiche, in denen man bis über die Knöchel versinkt, schwere Sessel und Sofas mit Samtbezügen, hoch aufragende polierte Obstpyramiden und Blumengestecke auf Marmortischen. Während Karen auf einen der Manager wartet, mache ich einen Spaziergang durch das Foyer und in die Bibliothek. Dort strahlen Messingkandelaber über Teakholzregalen, in denen Lederbände schlummern, amerikanische Klassikerausgaben von Ralph Waldo Emerson bis F. Scott Fitzgerald. An den Wänden hängen echte Seestücke und Schiffsmodelle. Eine Hochglanzbroschüre offeriert Golf und Krocket, Tennis und Badminton, Segel- und Hochseeangeltouren und natürlich alle nur denkbaren Arten von Ayurveda, Yoga und Wellness, inklusive einer »Citrus-Massage« mit Orangenhälften. Doch das Hausarchiv ist angeblich unauffindbar.

»Sorry«, sagt der Manager, »wir haben gerade unsere Superrenovierung für hundert Millionen Dollar zum hundertsten Geburtstag hinter uns. Das Archiv ist noch komplett eingelagert, das können wir erst im Winter wieder auspacken. Tut mir wirklich leid.« Meine Freundin blickt so traurig wie Ingrid Bergman in der Abschiedsszene von *Casablanca*, weshalb mir wieder Humphrey Bogart einfällt: »How about a Martini now?« Karen zeigt auf eine der alten Standuhren. »At half past three?« »It's five o'clock somewhere«, erinnere ich mich an das unschlagbare Argument von Queen Mum selig, der Schutzheiligen aller Nachmittagstrinker.

Also gehen wir wieder hinaus auf die Terrasse mit eleganten Korbstühlen, die von einer weit geschwungenen Pergola beschattet wird und einen Blick auf die Bucht und jene Sandbänke bietet, denen das Inn seinen Namen verdankt. Karen ordert einen »Cape Codder«, Cranberry Juice mit Wodka und bei diesen Sommertemperaturen sicherlich vernünftiger als mein Martini. Während die Kellnerin aus dem Gedächtnis die etwa hundert Wodkasorten aufzählt, die die Bar anbietet, versuche ich, ihren Akzent zu erraten: Russisch? Ukrainisch? Polnisch? Bulgarisch, antwortet Anastasia höflich. »From Varna. Have you been there?« Offenbar geht sie davon aus, dass ihre Gäste Kosmopoliten sind. So gut werden sie ausgebildet im Chatham Bars Inn.

Da wir noch Fisch vom Chatham Fish Pier und frisches Gemüse vom Farmer's Market holen müssen, bitten wir bald um die Rechnung, die so hoch ausfällt, dass ich damit zu Hause meinen Martini-Bedarf für eine ganze Woche decken könnte. »My treat«, sagt Karen und gibt ein so vornehmes Trinkgeld, dass selbst Anastasia beeindruckt ist.

Die Chatham Fish Pier liegt auf der anderen Straßenseite jenseits der Siedlung mit nachgemachten Cape Cod Cottages und ist sowohl Fischereihafen als auch Touristenattraktion. Hier kann man zusehen, wie die Fischer ihre Fänge anlanden: Kabeljau, Schellfisch, Heilbutt, Rochen und Hundshaie. Riesige Kühllaster bringen sie zu den Seafood-Restaurants auf dem Cape, aber auch bis nach Boston und New York. Ein kleiner Teil bleibt für den Fischmarkt gleich nebenan. Wir entscheiden uns für zwei frische Kabeljaufilets. Auf dem Weg zurück zum Parkplatz kommen wir am Fisherman's Monument von Sig Purwin vorbei, einem Bildhauer aus Woods Hole, der sich mit Fischen gut auskennt. Unter einer großen Leuchtboje hat er den Reichtum des Atlantiks in kupferne Netze getrieben, damit auch künftige Generationen noch sehen können, was ihre Vorfahren so alles mit ihren Grundschleppnetzen und Fabrikschiffen ausgerottet haben.

Vor dem Denkmal blühen blaue Hortensien, gepflanzt von den Fischersfrauen und von ihnen auch versehen mit dem hoffnungsvollen Motto »In Cod We Trust«. »Woran man sehen kann«, sage ich, »dass die Fischersfrauen auf der ganzen Welt den gleichen Humor haben.« »Woran man sehen kann«, erwidert Karen, »was die Fischersfrauen auf der ganzen Welt von den Beteuerungen der Männer halten, die solche Sprüche auf Geldscheine drucken.« »Woran man sehen kann, dass es auch keinen großen Unterschied macht, wenn eine Frau an der großen Gelddruckmaschine sitzt«, räche ich mich mit Blick auf die Neubesetzung der Federal Reserve, der US-Notenbank. »Pack den Fisch in die Kühltasche und steig ein«, beendet Karen die Diskussion. Es ist nicht leicht, mit einer Insulanerin zu streiten.

Während sie zu Hause den Salat anrichtet und ich den Kabeljau mit Butter und Sesam zubereite, hören wir Charles Ives' *Songs from New England*, denn Chatham hat seinen eigenen Klassik-Sender. »That's class for us«, lobt meine Freundin, und ich mixe uns Martinis. Weil mein Vorrat an Bogart-Sprüchen zur Neige gegangen ist, fällt mir nur noch Dorothy Parker als Toast ein:

> *I like to have a Martini,*
> *Two at the very most,*
> *After three I'm under the table,*
> *After four, I'm under my host.*

Nach dem Toast zum Sonnenuntergang machen wir einen Spaziergang zum South Beach, wo sich die Regenpfeifer Wettrennen am Ufer liefern und die Seeschwalben ihre Flugkunststücke über der Brandung zeigen. »Morgen früh geht's nach Morris Island«, verkündet meine Freundin. »Back to Mother Nature.«

Morris Island gehört zum Monomoy National Wildlife Refuge, das bereits 1944 als Schutzgebiet für Seevögel eingerichtet wurde und heute über zweihundertachtzig Arten von Möwen, Kormoranen, Fischadlern und Reihern beherbergt. Auf der Hauptinsel Monomoy gibt es außer dem alten Leuchtturm von 1823 keine Bauten, und die Insel ist nur per Boot zu erreichen. Bis 1958 bestand noch eine schmale Verbindung zum Festland, bis eine Sturmflut sie zerstörte. Eine zweite riss die Insel 1978 in zwei Teile. Viele Strandabschnitte sind in den Brutzeiten zwischen April und August gesperrt, weshalb auch wir eben nach Morris Island fahren.

Der Nature Trail führt vom Visitor Center am Hochufer entlang durch dichten Küstenwald mit Ausblicken auf South Beach Island bis hinunter zum Strand, von wo man über die ganze Insel und das weite Marschland wandern kann. Wir werden von Austernfischern, Regenpfeifern und Wasserläufern begleitet, die im Flachwasser auf der Jagd nach Muscheln und Krebsen sind. Über dem Schilfgürtel kreisen zwei Silberreiher, und am Spülsaum schieben sich die Pfeilschwanzkrebse durch das Seegras. »Schauen Sie gut hin«, sagt Gabriela Fleury, eine junge Biologin von der James Madison University in Virginia, die uns vom Center aus begleitet hat. »Und wenn Sie einen Pfeilschwanz mit einer weißen Plastikmarke finden, dann machen Sie bitte ein Foto und sagen Sie uns Bescheid. Das Center betreibt seit dem Jahr 2000 zusammen mit dem Fish and Wildlife Service in Maryland ein Markierungsprogramm, um so die Entwicklung und die Wanderwege der Population an der Ostküste zu erforschen.« Ich verspreche, mich um die Pfeilschwänze zu kümmern – schließlich schulde ich ihnen noch etwas.

Karen folgt Gabriela ins Marschland, um seltene Strandläufer zu fotografieren, und ich lehne mich an einen alten Hafenpoller, der wahrscheinlich von Stage Harbor herübergetrieben ist. Und dann lese ich zu meinem Erstaunen in Mary Heaton Vorse' Erinnerungen, dass Chatham im Juli 1918 zum Ziel eines deutschen U-Boot-Angriffs wurde: Der Schlepper *Perth Amboy* befand sich nur ein paar Meilen nördlich von Chatham Harbor, als ein Decksmann plötzlich zwei Torpedos im Wasser bemerkte, die an Bug und Heck vorbeirauschten. Kurz darauf tauchte U 156 aus dem Nebel auf und nahm den Schleppzug unter Feuer. Der Rudergänger wurde getroffen und schwer verletzt; der Schlepper fing Feuer, sodass die Besatzung in die Rettungsboote umsteigen musste. Der elfjährige Sohn von Kapitän Perry aus Provincetown drohte den deutschen Matrosen mit seinem kleinen Sternenbanner, das er von Bord gerettet hatte. Nach mehreren Treffern verließen auch die Besatzungen der Lastkähne ihre Fahrzeuge, und alle ruderten nach Kräften in Richtung Chatham.

Auf halber Strecke kam ihnen ein Kreuzer der Küstenwache entgegen und nahm die Verletzten auf. Als endlich die beiden Flugzeuge der U. S. Naval Station aufstiegen, war das U-Boot längst wieder abgetaucht und auf dem Weg nach Gloucester, um die Fischerflotte auf den Grand Banks anzugreifen.

Insgesamt sollen gegen Ende des Ersten Weltkriegs acht deutsche U-Boote in den Gewässern vor Neuengland operiert und über neunzig Schiffe versenkt haben. Der völlig unerwartete Angriff auf Chatham hatte eine wochenlange Hysterie zur Folge, während der auch Eugene O'Neill als Spion in Untersuchungshaft landete. Er war auf Strandspaziergängen mit einem verdächtigen schwarzen Kasten beobachtet worden, in dem man ein geheimes Funkgerät vermutete. Der Kasten erwies sich als Schreibmaschine. Einen Monat später war der Krieg zu Ende. Aber der Spott für die vorher so wichtigtuerischen Marinesoldaten der »Shore patrol« blieb. Die Fischer und die Schuljungen interpretierten die goldenen Buchstaben »S. P.« auf den Käppis und Uniformen der Soldaten höhnisch mit »Slacker patrol« – »Penner-Patrouille«. Die Einheit wurde im November 1918 aufgelöst. Trotz dieses heimtückischen Angriffs hielt sich der Groll gegen die Deutschen auf dem Kap nicht lange. Als im Oktober 1928 die *Graf Zeppelin* auf ihrem Rückflug von Lakehurst über Chatham hinwegschwebte, winkten ihr seine Bewohner begeistert zu. Heute sieht man von Morris Island aus die Flugzeuge von Cape Air die Inseln Nantucket und Martha's Vineyard ansteuern.

Karen kommt von ihrer Marschwanderung zurück und lehnt sich erschöpft neben mich an den Poller. »Na, ausgefäulenzt?« »Ich habe Geschichtsstudien betrieben«, sage ich würdevoll. »Darf ich dir den Schluss von Miss Heaton Vorse' Buch vorlesen?« »Gern«, gähnt sie, »wenn es dir nichts ausmacht, dass ich dabei einschlafe.« »Das wirst du nicht«, versichere ich und lese: »Jedermann fühlte in diesem Sommer, dass wir in einer Welt lebten, die zu Ende ging. Das Leben, das wir hier führten, erschien uns so substanzlos wie eine Seifenblase. Es konnte in jedem Augenblick zerplatzen. Die Fröhlichkeit dieses Sommers hatte etwas Verzweifeltes. Die Leute benahmen sich wie zu Zeiten der Prohibition und tranken, als ob jedes Glas ihr letztes wäre. Sie taten so, als wäre dies der letzte Sommer, in dem es noch all das gab, an das sie sich so gewöhnt hatten: das Benzin, den Alkohol, das Essen und den Spaß.« »Kommt mir bekannt vor«, sagt Karen schläfrig. »Wie du und deine Martinis.« »Moment, der wichtigste Satz kommt erst: ›Aber die Fischer würden immer noch hinausfahren und aus ihren Reusen Millionen von Fischen an Land bringen.‹« »Bloß gut, dass ich mir einen Fischer geangelt habe«, murmelt Karen und legt sich in den Sand. Und dann schläft sie tatsächlich ein, während die Seeschwalben durch das flirrende Licht über dem Atlantik jagen.

Yarmouth Port

The Hermit lives among the boulders,
He wears no garment but a sack;
By slow degrees his reason moulders,
The sun has long since burnt him black.

Edward Gorey, *The Fatal Lozenge* (1960)

D er Landstrich zwischen Bass Hole an der Bay und Great
Island am Nantucket Sound gehörte ursprünglich den
Pawkannawkut-Indianern, die ihn »Mattakesset« nannten. (In
diesem Zusammenhang schrieb die Dichterin Eva March Tappan
einst ironisch: »Wir jagten die Indianer von ihrem Land, / Doch
der Rote Mann hat uns Rache gesandt, / Denn er gab jedem
Sandhügel schwierige Namen, / Die dann in Atlas und Schulbücher kamen, / Und jeder Knabe wird zum eisgrauen Mann, / bevor er sie je buchstabieren kann.« Das ist zwar nicht die ganze
Wahrheit, weil ja viele Orte auf dem Cape und in Massachusetts von den Pilgern und ihren Nachkommen umbenannt wurden, aber immerhin eine gut gereimte. Dennoch finden sich
auch heute überall in Neuengland noch viele der alten Indianer-
namen: Agawam, Chappaquiddick, Housatonic, Mattapoisett,
Oneonta, Unadilla und so weiter. Auch Massachusetts selbst

ist der Name eines indianischen Stammes und bedeutet so viel wie »Land der großen Hügel«.) Stephen Hopkins, ein Passagier der *Mayflower*, baute an dieser Stelle um 1638 ein erstes Haus. Schon ein Jahr später wurde der Ort Yarmouth gegründet, in Erinnerung an die englische Hafenstadt an der Nordseeküste, berühmt für ihre Heringsfischerei. Die von den europäischen Siedlern eingeschleppten Pocken rotteten den Stamm fast vollständig aus. 1790 kaufte der Quäker David Kelley für ein paar alte Kleidungsstücke und einen Kupferkessel das letzte Stück Land von einem der letzten Pawkannawkut.

Obwohl die Söhne und Enkel der Gründer von Yarmouth bald Axt und Pflugschar gegen Kompass und Quadranten tauschten, haben nicht die Handelskapitäne den maritimen Ruhm der Stadt begründet. Diese Ehre kam Ichabod Paddock zu, dessen Erfolge im Walfang sich bis nach Nantucket herumsprachen, woraufhin die Insulaner ihn 1790 einluden, sie in der Kunst der Waljagd zu unterweisen. Es war also ein Cape Codder, der dieses Handwerk auf jene Insel brachte, die sich auch dank Herman Melville bis heute rühmt, der wahre Heimathafen des Walfangs in Neuengland gewesen zu sein.

Melville verarbeitete auch ein altes Seemannsgarn aus Yarmouth, dem zufolge Old Ichabod lange Jahre vergebens Jagd auf einen Pottwal mit schiefem Unterkiefer und harpunenzerfurchtem Rücken machte. Am Ende soll er voller Wut in dessen weit aufgerissenen Rachen gesprungen sein und im Walinneren den Teufel und eine Hexe angetroffen haben, die dort um seine Seele würfelten. Dieses Seemannsgarn war selbst Melville zu viel: Er ersetzte den Teufel durch den höllischen Parsen Fedallah und strich die Hexe ganz. Auf das Problem der Sklaverei, jene »Erbsünde der Vereinigten Staaten«, geht er in *Moby-Dick* nur andeutungsweise ein, aber für seine Zeitgenossen war klar, welches Schicksal der schwarze Harpunier Daggoo und der Schiffsjunge Pip teilten, ehe sie an Bord der *Pequod* kamen. Was sie den Weißen wert waren, spricht der Steuermann Stubb aus, nachdem Pip sich in einer Walleine verheddert und der Harpunier die Leine kappen muss, um das Leben des Jungen zu retten: »Ich fisch dich nicht noch einmal auf, das merk dir! Wir können's uns nicht leisten, wegen solchen wie dir Wale schwimmen zu lassen! Dreißig Pips müssten wir verkaufen in Alabama und kriegen noch nicht so viel wie für einen Wal.«

Der Wahnsinn der Rassentrennung hielt sich auch auf Cape Cod lange. Im Juni 1905 berichtete ein Artikel im *Yarmouth Register* vom Verlangen der Gemeindeversammlung nach getrennten Schulen. »Es gibt in unserer Stadt sehr viele Eingeborene von den Kapverden, und diejenigen, die getrennte Schulen befürworten, argumentierten, dass es im Interesse der Weißen und der Neger gleichermaßen sei, wenn die Kinder beider Rassen getrennt unterrichtet werden.« Über dieses Kapitel der amerikanischen Geschichte findet sich ansonsten wenig in den Chroniken und Reisebeschreibungen des Kaps – »white shores indeed«.

Die alte Ulmenallee, die der Ortschronist und Familienforscher Amos Otis um 1850 angepflanzt hat, ist längst verschwunden. Stattdessen reiht sich heute an Route 6 Supermarkt an Seafood Store an Minigolfplatz.

Unsere Reise geht weiter nach Yarmouth Port. Wir wollen diesmal keine alten Kapitänsvillen besuchen, sondern das Haus des Zeichners Edward Gorey, das eines der originellsten Kunstmuseen auf Cape Cod ist.

Edward Gorey wurde 1925 in Chicago geboren und begann schon früh, sich für Bücher und für Katzen zu interessieren. Mit drei Jahren begann er angeblich bereits zu lesen und seine Bücher mit eigenen Illustrationen zu verzieren. Sein Talent führte er später auf seine Urgroßmutter zurück, die im 19. Jahrhundert eine sehr erfolgreiche Glückwunschkartenzeichnerin war. Ihre Nachkommen, die Garveys, leben noch heute auf dem Kap; der kleine Edward besuchte sie in seinen Sommerferien. Nach der High School und einem Kurs am Art Institute of Chicago musste Gorey von 1943 bis 1946 seine Armeezeit auf einem Testgelände für biologische und chemische Kampfstoffe in Utah ableisten. Die Jahre dort dürften einen gewissen Einfluss auf seine spätere Weltsicht gehabt haben, die sich in seinen Zeichnungen widerspiegelte, denn der Tod hockte stets grinsend auf dem Stacheldrahtzaun. Von 1946 bis 1950 studierte Gorey französische Sprache und Literatur in Harvard, wo Frank O'Hara, Cecil Day-Lewis und Evelyn Waugh seine Kommilitonen waren. Mit ihnen inszenierte er Theateraufführungen am Poet's Theatre, die von keinem Geringeren als Thornton Wilder betreut wurden. Ab 1953 begann Edward Gorey als Buchgestalter und Illustrator für den Verlag Doubleday Anchor in New York zu arbeiten und veröffentlichte sein erstes Buch *Eine Harfe ohne Saiten*. Es erzählt die Entstehungsgeschichte des gleichnamigen Romans von Ronald Frederic Melf – vom qualvollen Beginn bis zum schmerzlichen Ende. Wäre das Buch Pflichtlektüre in den Creative-Writing-Programmen der amerikanischen Universitäten geworden, es wäre uns allen viel wortreiche Langeweile erspart geblieben.

In New York traf Gorey mit Frances Steloff, der Besitzerin des Gotham Book Mart, auf seine erste Förderin, die seine

Zeichnungen ausstellte und für seine Bücher warb. Von 1957 bis 1982 besuchte Gorey mit religiöser Regelmäßigkeit die Vorstellungen von George Balanchines New York City Ballet und erklärte sie später zu seiner wichtigsten Inspirationsquelle. Wenn man die Präzision und Fantasie von Balanchines Choreografien gesehen hat, versteht man Goreys Faszination und wird sie in seinen Zeichnungen wiederfinden.

Der Durchbruch kam 1959 mit einem Essay von Edmund Wilson im *New Yorker*, der Goreys Arbeiten mit denen von Aubrey Beardsley und Max Beerbohm verglich. Von 1970 an stellte er fast jährlich neue Arbeiten im »Gotham's« aus, dessen neuer Besitzer Andreas Brown auch Goreys Bücher herausgab und sein Archiv übernahm.

1973 konnte das Multitalent seiner Theaterleidenschaft mit einem Bühnenbild und den Kostümen für Bram Stokers *Dracula* am Nantucket Summer Theatre frönen. Vier Jahre später wiederholte er diese Ausstattung im Martin Beck Theatre am Broadway mit Frank Langella in der Titelrolle und erhielt einen Tony für seine Kostüme. Die Inszenierung erlebte trotz kühler Kritiken über neunhundert Vorstellungen.

1986 zog Edward Gorey endgültig nach Cape Cod und kaufte ein zweihundert Jahre altes Kapitänshaus in Yarmouth Port, das seine Freunde wegen der grauen Schindeloberfläche »The Elephant House« tauften. Hier arbeitete er mit einem halben Dutzend Katzen und unter ebenso vielen Pseudonymen an seinen Zeichnungen und Theaterstücken. Als er im April 2000 starb, hinterließ er ein Werk von über hundert veröffentlichten Büchern, die eine weltweite Leserschaft erfreuen. Sein Nachlassverwalter entdeckte zudem eine Kiste voll unbekannter Arbeiten und Puppenspiele, die noch auf ihre Publikation warten.

Die Kunstkritik hat für Goreys Werke die fragwürdige Schublade vom »postmodernen Märchen« aufgezogen. Auch die Begriffe »viktorianisch«, »edwardianisch« und »surreal« werden gerne bemüht, wenn es an Worten für genauere Beschreibungen fehlt. Dabei sind seine Bildergeschichten in Strich und Schraffur ganz einzigartig und, wenn überhaupt, eher mit denen von Grandville oder Max Ernst zu vergleichen. Goreys gespenstische Häuser und Landschaften, über denen oft der Totenschädel des bleichen Mondes hängt, faszinieren durch eine Aura lauernden Grauens, überschattet von schwarzem Humor. Gorey inszeniert seine Figuren darin so präzise und doch leicht wie seine große Inspirationsquelle George Balanchine seine Tänzer. Zweimal brachte ihm sein Werk den World Fantasy Award ein, außerdem den Bram Stoker Award für sein Lebenswerk. Der Kritik, seine Zeichnungen seien für Kinder zu düster, entgegnete er: »Sonniger, fröhlicher Nonsens für Kinder – langweilig, langweilig, langweilig. Wie schon Schubert sagte: Es gibt keine fröhliche Musik. Und es gibt auch keinen fröhlichen Nonsens.« Er hinterließ sein Vermögen einer Tierschutzstiftung, die sich um Katzen und Hunde, aber auch um Fledermäuse und Insekten kümmert. Nach seiner Vorstellung vom perfekten Glück befragt, antwortete Gorey lakonisch: »Himmel, Wasser, Licht.«

Ich habe meine ersten Gorey-Zeichnungen 1987 in Herbert Sandbergs *Frechem Zeichenstift*, einer Reihe mit internationalen Cartoonisten in der DDR-Zeitschrift *Das Magazin*, gesehen und sie später auf den Umschlägen der Romane von John Irving bei Diogenes wiederentdeckt. Seitdem sammeln wir seine Bücher. Als uns ein Bekannter erzählte, Gorey habe auch Theaterpup-

pen geschaffen, die man in seinem Haus besichtigen könne, re-
cherchierten wir Lage und Öffnungszeiten und fuhren los.

Das »Elephant House« steht nahe der Route 6 in der Straw-
berry Lane und sieht mit seinen grauen Schindeln selbst aus
wie aus einer Gorey-Geschichte. Im Garten steht ein mit geflügelten Ungeheuern bemalter Pottwal, den wir als gutes Omen
betrachten, und wir klingeln. Wir sind mit Duncan Gibson
verabredet, der angeboten hat, uns eine Stunde vor Öffnung
durch das Haus zu führen, weil sonst zu viel Betrieb sei. Was
wir zu sehen bekommen, übertrifft alle Erwartungen. Es ist, als
würde man ein Gorey-Buch betreten: Vitrinen voller Romane
und Kunstbände aus dem 18. und 19. Jahrhundert, dazwischen
Sammlungen verblichener Holzfiguren, betagter Stofftiere und
lauernder Fledermäuse sowie ein riesiges Wetterfahnen-Skelett,
das über allem schwebt. In einer Art Schrein hängt der schwere
Waschbärpelz über den berühmten Tennisschuhen, die Goreys
Markenzeichen waren. Auf den Sofas und Fensterbänken re-
keln sich ein halbes Dutzend schläfriger Katzen in der Morgen-
sonne.

»Wir mussten hier erst mal einen Monat lang aufräumen«,
begrüßt uns Gibson, ein weißhaariger Yankee mit Vollbart und
Nickelbrille. »Edward besaß über fünfundzwanzigtausend Bücher, mehr als unsere örtliche Bibliothek. Das waren sieben-
hundert Bücherkisten, die hat die San Diego State University
übernommen, weil uns schlichtweg der Platz fehlte. Manchmal
hat er sieben Romane pro Woche geschafft, aber konnte sich
nie von den Büchern trennen.« Mister Gibson zeigt uns Goreys
Skizzenbücher und Erstausgaben. Inzwischen pilgern Gorey–
Fans aus aller Welt zum »Elephant House«, fast fünftausend
Besucher pro Jahr. 2007 hielt ein Taxi vor dem Haus, und ein äl-

terer japanischer Herr mit einem kleinen Reisekoffer stieg aus. Er war von Tokio nach New York geflogen, von dort mit dem Bus nach Hyannis gefahren und schließlich mit dem Taxi bis zum »Elephant House«. Als die Museumsleute ihn fragten, was er sich sonst noch auf dem Cape ansehen wollte, erwiderte er lächelnd: »Nichts. Ich bin nur wegen Mister Gorey gekommen.«

Duncan Gibson führt uns die Treppe hinauf ins obere Stockwerk, wo sich das Studio des Meisters befindet und immer noch Umzugskisten stehen. Er zeigt uns Familienfotos und Zeichnungen, die Gorey mit elf Jahren von Katzen und Hunden machte und zu kleinen Büchern zusammenband. Dann öffnet er eine Kiste und holt die Puppen hervor, die für die Theaterstücke entstanden sind: bleiche Pappmascheeköpfe über farbenprächtigen Kostümen, Tod und Teufel mit Schirm und Zylinder, eine Trauergesellschaft samt verschleiertem Pferd und jede Menge Fledermäuse und Fantasieungeheuer. »Edward liebte das Theater und schrieb auch selbst Stücke. Wir mussten alle mitspielen, obwohl wir gar keine professionellen Puppenspieler waren. Ich glaube, das war sein Ersatz für das New York City Ballet, das er vermisste. Die Atmosphäre der Bühne und der Proben, das hat er geliebt. Bücher und Katzen, Theater und Flohmärkte – das war seine Welt auf dem Cape. Er ist ja sonst kaum weggefahren. Als ihn ein Journalist mal gefragt hat, was seine schönste Reise gewesen sei, hat er gesagt: der Blick aus meinem Fenster. Aber er ist gern am Meer spazieren gegangen und hat immer viel Strandgut mitgebracht. Das sind die beiden Orte, die Sie sich noch anschauen sollten – den Parnassus Bookstore und den Boardwalk zu Bass Hole. Das ist auch Gorey-Land.«

Wir bedanken uns, verabschieden uns von den Katzen und Fledermäusen und spazieren die Straße hinunter zu Parnassus

Books, einem Buchlabyrinth in einem weißen viktorianischen Holzhaus, in dem man leicht für einen ganzen Tag verschwinden kann. Aber diesmal bleiben wir standhaft und kaufen statt Büchern Sandwiches in Goreys Stamm-Diner Jack's Outback. Damit fahren wir zum Picknick nach Bass Hole Beach, zu dem man auf einer langen Plankenpromenade gelangt, die über Marschland und Dünen zum Strand führt. Dort sitzen wir lange auf einer Bank, blicken über die Bucht auf den Atlantik und denken an den geflügelten Wal in Edward Goreys Garten.

Hyannis und Nantucket

Whales in the Sea
God's Voice obey.
New England Primer (1727)

In all unseren Sommern haben wir um Hyannis immer einen Bogen gemacht, denn der Ort ist nicht nur einer der größten auf dem Kap, sondern wegen der Fährverbindungen nach Martha's Vineyard und Nantucket auch eine der größten Staufallen. Das mussten wir zum ersten Mal 1993 auf unserem Weg zum Fähranleger der Hy-Line erfahren, als es nur schrittweise voranging und wir beinahe unser Boot verpasst hätten. Glücklicherweise wurden wir währenddessen durch William Hoothings grandiose Lesung aus *Moby-Dick* im Radio bestens unterhalten. Der Roman war auch der Anlass unserer Reise, schließlich singt Melville durch das gesamte Buch hindurch eine Ode auf die Nantucketer Walfänger: »Die Leute aus Nantucket, diese Meeres-Eremiten, haben von ihrer Sandbank aus die wässrige Welt erobert und den Atlantik, den Stillen und den Indischen Ozean untereinander aufgeteilt. ... Der Mann aus Nantucket lebt auf dem Meer, und er durchpflügt es als seinen ererbten Acker. Mit der heimatlosen Möwe, die am Abend ihre

Flügel faltet und auf den Wogen einschläft, holt auch der Nantucketer seine Segel ein, wenn die Nacht hereinbricht, und legt sich schlafen, während unter ihm Herden von Walen ziehen.«

Diese Insel, deren indianischer Name »das ferne Land« bedeutet, wollten wir sehen, zumal ich gelesen hatte, dass es auf Nantucket ein Walfangmuseum mit einem original Fangboot und einer großen Sammlung an Walfangreliquien aus der Zeit von Kapitän Ahab zu sehen gab. Karen hatte ein Cottage in Siasconset gefunden, einem Fischerdorf am Rande der Insel, das seinen indianischen Namen den gestrandeten Walen verdankte und übersetzt so viel wie »der Ort bei den großen Knochen« bedeutet. Aber statt eines Walfriedhofs stellte es sich als rosenumrankte Künstlerkolonie heraus, die Wert auf ihre *splendid isolation*, ihre wunderbare Isoliertheit vom Rest der Insel, legt.

In diesem Museum erfuhr ich zum ersten Mal von der Geschichte des Walfängers *Essex*, der im November 1820 im Pazifik von einem Pottwal gerammt und versenkt worden war. Der Bericht des Ersten Steuermanns Owen Chase, der das Unglück und die nachfolgende dreimonatige Irrfahrt der Überlebenden beschreibt, wurde zur Anregung und wichtigsten Quelle für *Moby-Dick*. Die Besatzung segelte in den Walbooten drei Monate lang über den Pazifik und wagte aus Angst vor Kannibalen nicht, die nahe gelegenen Inseln anzusteuern. Am Ende, nachdem alles Essbare vertilgt und die meisten Männer gestorben waren, wurden die wenigen Überlebenden, halb wahnsinnig vor Hunger, selbst zu Menschenfressern.

Eine Tafel im Museum zeigte eine düstere Fotografie von Chase und seinem Haus in der Orange Street, unter dessen Dach man nach seinem Tod Kammern voller gehorteter Lebensmittel entdeckte. Owen Chase wurde noch kurz vor seinem

Tod für wahnsinnig erklärt. Sein glückloser Kapitän George Pollard blieb nach dem Verlust eines zweiten Schiffs an Land und zog als Nachtwächter mit Laterne und Feuerhorn seine einsamen Runden am Hafen. Herman Melville traf ihn im August 1852 bei seinem Besuch auf Nantucket und schrieb später in sein Tagebuch: »Für die Insulaner war er ein Niemand – für mich der eindrucksvollste Mann, der mir je begegnet ist.«

Auf Nantucket wurde von mutigen Quäkern schon 1773 die Sklaverei abgeschafft, die sie nicht mit den Grundsätzen ihres Glaubens in Einklang bringen konnten. 1841 kam Frederick Douglass, der afroamerikanische Kämpfer für die Befreiung der Sklaven, aus New Bedford nach Nantucket und sprach hier zum ersten Mal vor einem gemischten Publikum aus Schwarzen und Weißen.

Obwohl die Abenteuer, die auf der Insel erzählt werden, sich fast ausschließlich um die der Männer auf den Walfängern drehen, gilt es auch hier vom Schicksal einer mutigen Frau zu berichten, das ich nur dank Karens untrüglichem Spürsinn kennenlernte. Ihre Leidenschaft für alte Bibliotheken hat mir schon überall auf der Welt Geschichten eröffnet, an denen ich ansonsten ahnungslos vorbeigegangen wäre. Auf Nantucket stieß sie auf die von Maria Mitchell, einer der bedeutendsten Astronominnen ihrer Zeit. 1818 auf Nantucket geboren, entdeckte Mitchell mit der Hilfe ihres Vaters, eines Quäkers und erfolgreichen Bankdirektors, ihre Liebe zu den Sternen und zur Mathematik. Schon mit dreizehn Jahren half sie ergrauten Walfangkapitänen, durch astronomische Beobachtungen deren Navigationstabellen zu korrigieren, und wurde mit achtzehn zur ersten Bibliothekarin der Insel. Mit neunundzwanzig entdeckte sie vom Dach der Pacific National Bank, auf dem ihr Vater ein Observatorium eingerichtet hatte, einen Kometen, der später ihren Namen tragen sollte. Melville traf Maria Mitchell bei seinem Aufenthalt auf Nantucket im Sommer 1852. Mit siebenundvierzig Jahren wurde sie die erste weibliche Astronomieprofessorin an Vassar und unterrichtete dort bis zu ihrem Tod im Jahr 1888. Sie weigerte sich aus Protest gegen die Sklaverei, Baumwollkleider zu tragen, und kämpfte für gleiche Bezahlung von Frauen an Colleges und Universitäten. Das Teleskop der Astronomin kann man heute in ihrem Geburtshaus in der Vestal Street besichtigen, und ihre Nachfolgerinnen lernen die Geheimnisse der Himmelskörper heute in der Maria Mitchell Association kennen.

Bei Nantucket Bookworks habe ich einen Nachdruck des *New England Primer* gefunden, aus dem der eingangs zitierte Vers stammt. Mit dieser ältesten Lesefibel des Landes haben Generationen von Neuengländern ihr Abc und zugleich die Moral der Pilgerväter gelernt, bis sie 1790 von Noah Websters *Blue Back Speller* verdrängt wurde. Von A wie Adams Sündenfall bis Z wie Zaccheus' frommer Baumbesteigung lernte man das Buchstabieren nach der Bibel, aber auch die karge Poesie dieser Zeit: »My book and heart / Shall never part.«

Wenn man in der Cape-Cod-Region Ruhe und Einkehr sucht, besucht man am besten Sconset auf Nantucket. Das genaue Gegenteil ist Hyannis: Hier staut sich der Verkehr, hier pulsiert das Sommerleben zwischen den Ocean Street Docks und Main Street. Wir fahren in diesem Sommer nur hin, weil Freunde uns die Black Whale Gallery empfohlen haben, in der es noch echten Pottwal-Scrimshaw zu kaufen geben soll. An einer Pilgerreise zu John F. Kennedy liegt mir hingegen wenig, zumal mich die Erinnerungen von George Kennan und Arthur Schlesinger ein für alle Mal jeder Illusion über die Präsidentschaft von J. F. K. beraubt haben.

Auf dem Weg vom Parkplatz zur Main Street kommen wir am bronzenen Denkmal eines Indianers vorbei, der kummervoll auf einem Findling hockt. Es ist Häuptling Iyanough, dessen Namen die Pilger zu »Hyanno« verballhornt haben und dem der Ort letztlich seinen Namen verdankt. Edward Winslow, einer der *Mayflower*-Passagiere, beschreibt ihn als einen Indianer, der nicht älter als sechsundzwanzig Jahre gewesen sei, sanft und höflich und so gar nicht wie ein Wilder, bis auf seine Kleidung und seinen Schmuck. Der Sachem der Cummaquid half einst den Pilgern, den ausgerissenen Sohn von John Billington wiederzufinden, den die Mattakeese aufgegriffen, dann aber schnell an die Nauset-Indianer weitergereicht hatten, weil das freche Blag selbst die indianische Geduld überstrapazierte.

Ihre Hilfsbereitschaft nützte den Indianern im späteren Hyannis nichts: Schritt für Schritt wurden sie aus ihren angestammten Gebieten vertrieben. Iyanough starb schon 1623 als gebrochener Mann. Der Farmer David Davis soll 1860 beim Pflügen auf ein Grab gestoßen sein, in dem Iyanoughs Gebeine ruhten; solange Davis das Land gehörte, konnten die Nachfahren des Häuptlings diese Stätte besuchen. Heute erinnert lediglich ein Hinweisschild an der Route 6A gegenüber dem Postamt von Cummaquid an diesen Ort.

Das JFK Museum dagegen befindet sich gut sichtbar in der ehemaligen Town Hall an der Main Street und ist mit einem patriotischen Rüschenvorhang aus Stars & Stripes geschmückt. Davor wandert ein lebensgroßer Bronze-Kennedy durch eine echte Düne mit wogendem Strandhafer, und jede Besucherin kann hinaufklettern und sich mit ihm fotografieren lassen. Die Herren der Schöpfung haben es damit zumeist nicht so, vielleicht weil der Vergleich nicht besonders günstig ausfällt. Kennedy ist jugendlich und schlank und so dynamisch, wie es ein Bronzedenkmal nur sein kann.

»Gehen wir rein«, sagt Karen, »du musst auch was über amerikanische Geschichte nach 1620 lernen. Und schließlich war das meine Kindheit.« »Du warst sechs, als Kennedy erschossen wurde«, versuche ich mich vor dem Besuch zu retten. »Na und?«, entgegnet sie ungerührt. »Darf ich deswegen nicht auch mal in Erinnerungen schwölgen?«

Die Ausstellung ist ein multimedialer Schrein aus großformatigen Fotowänden, Flachbildschirmen und Memorabilien, die den Präsidenten und seinen Clan feiern, als hätte es kein Vietnam und keine Schweinebucht gegeben. Ganz zu schweigen von den zahlreichen Affären, von denen noch heute ein halbes Dutzend Biografen profitieren. Über all den Familienfotos, Segelbootmodellen und Wahlkampfpostern prangt der Spruch, mit dem die Stadt immer noch wirbt: »Ich kam nach Hyannis Port, um wieder aufzuleben, um die Kraft der See zu erfahren und die des Herrn, der über sie gebietet und über uns alle.« Kraft und Herkunft des Geldes von Vater Joseph Kennedy, der hier als Erster ein Anwesen kaufte, wird dezent verschwiegen. Auch über seine Sympathien für Hitler, die zu seiner Abberufung als Botschafter aus London führten, spricht man nicht gern.

Dafür erfährt man, dass Kennedy am 8. November 1960 hier in Hyannis Port von seinem Sieg über Richard Nixon erfuhr und seine Dankesrede hielt, dass er hier (und nicht etwa in Washington) wesentliche Entscheidungen seiner Präsidentschaft traf und dass die Familie ebenfalls hier seinen Tod sowie den seines Bruders Robert betrauerte. Hier bekam Mutter Rose von ihren Söhnen zu jedem Geburtstag ein Bouquet überreicht mit einer Rose für jedes Lebensjahr, bis sie schließlich 1995 mit 104 Rosen zu Grabe getragen wurde. Wer Substanzielleres über Kennedys Präsidentschaft erfahren möchte, sollte die Bücher von George Kennan oder Robert Dallek lesen oder der J. F. K. Library in Boston einen Besuch abstatten, in der sich die Archive und eine umfangreiche Bibliothek befinden. Nichtsdestotrotz ist Hyannis Port der Wallfahrtsort der wahren Kennedy-Fans, das »Camelot-by-the-Sea«.

Vom legendären Kennedy Compound an der Marchant Avenue ist außer hohen Zaunlatten kaum etwas zu sehen, weswegen geschäftstüchtige Unternehmen eine Zeit lang Sightseeing-Touren von der Wasserseite anboten. Wie die zu den Hochzeiten des Kennedy-Hypes aussahen, erzählt Kurt Vonnegut in seiner *Hyannis Port Story*, in der das Treiben der Präsidentenfamilie von dem eingefleischten Republikaner William Howard Taft Rumfoord kommentiert wird, dessen Villa gleich neben der der Kennedys steht. Als ehemaligem Commodore des exklusiven Segelclubs von Hyannis Port gilt seine besondere Verachtung den Motorbooten der Kennedys, die er konsequenterweise als »Stinkpötte« bezeichnet, sowie ihrer Politik, für die seine Abscheu von shakespearescher Wucht ist. Sie endet allerdings abrupt, als sein Sohn mit der bildschönen Kennedy-Cousine Sheila aufkreuzt und die Verlobung verkündet. Die Folgen können Sie in dem Kurzgeschichtenband *Welcome to the Monkey House* nachlesen. Überhaupt sind Vonneguts Geschichten eine ausgezeichnete Kap-Lektüre, denn als ehemaliger Lehrer und Saab-Händler im benachbarten Barnstable kannte er sich mit den Cape Coddern bestens aus.

Wir fahren nach Hyannis zurück und besuchen Nancy Lyon in ihrer Black Whale Gallery, die uns tatsächlich echte Pottwalzähne mit filigranen Gravuren zeigt, welche leider ebenso teuer wie schön sind. »Es sind Sammlerstücke«, tröstet sie mich. »Und nach Europa dürfen Sie die sowieso nicht einführen. Ich bekomme meine Angebote meist von Nachlassauktionen, und die Preise steigen ständig. Scrimshaw ist zu einer richtigen Geldanlage geworden, und die wirklichen Kenner geben ihre Sammlungen über Generationen weiter.« Sie schenkt mir einen Katalog mit wunderbaren alten Stücken in der Preislage von Mittelklassewagen. Aus dem Katalog erfahre ich, dass auch Präsident Kennedy ein leidenschaftlicher Walzahnsammler war. Die schönsten Stücke seiner Kollektion lagen stets auf seinem Schreibtisch im Oval Office. Zu Weihnachten 1963 hatte Jackie Kennedy ein besonders schönes Exemplar für ihn gefunden und das Präsidentensiegel eingravieren lassen. Ihr Mann hat dieses Weihnachten jedoch nicht mehr erlebt, und seine Witwe legte ihm den Pottwalzahn mit in den Sarg.

Während ich darüber nachdenke, wie Archäologen in einigen Jahrhunderten wohl diese Grabbeigabe interpretieren werden, unterhält sich Nancy mit Karen über die Buddha-Figuren, die ebenfalls aus Walbein geschnitzt sind. Zum Abschied empfiehlt sie uns Spanky's Clam Shack am Hafen, wo die *locals* ihre Muschelsuppe und ihre Fish 'n' Chips essen. Die Chowder ist ausgezeichnet, und die Chips stammen aus der Cape Cod Potato Chip Company, die ebenfalls in Hyannis angesiedelt ist.

Nach dem Lunch setzen wir uns auf eine Bank an den Ocean Street Docks. Auch hier sind die Jachten der Sommergäste inzwischen größer als die Kutter der örtlichen Fischer.

»Ich glaube, auf den Kennedys liegt ein Fluch«, sagt Karen.

»Auferlegt von wem?«, hake ich nach.

»Von Mary Jo Kopechne. Das war das Mädchen, das bei Ted Kennedy im Auto saß, als er von der Brücke auf Chappaquiddick Island gestürzt ist, und das dabei ertrunken ist. Sie hat die Kennedys verflucht.«

»Und wie kommst du darauf?«

»Ich war in der High School mal Medium und habe sie bei einer unserer Séancen angerufen. Da hat sie durch mich gesprochen, laut und deutlich: ›Curse you, Kennedys, curse you all!‹«

Karen spricht nicht gerade leise; die Leute drehen sich schon um, und ich tue so, als ob wir über einen Film reden: »Now, that was a great scene!«

»War es auch«, nickt Karen. »Du hättest hören sollen, wie die anderen Mädchen kreischten. Ich hätte Schauspielerin werden sollen.«

»Du *bist* eine Schauspielerin«, sage ich. »Aber sag, wusstest du, dass es auch Dildos aus Walzähnen gab?«

»Get out of here!«, ruft Karen. »What has that to do with anything?«

»Die hießen ›He's-at-home‹«, breite ich ungerührt mein angelesenes Katalogwissen aus. »Ich wette, Jackie Kennedy hatte auch so einen.«

»Wolltest du deshalb zum ›Black Whale‹?«, fragt sie spöttisch. »Wozu brauchst *du* denn einen?«

»Ein Seemann muss alles kennen«, berufe ich mich wieder einmal auf Melville und klappe den Katalog zu.

Wir sehen uns noch das Kennedy Memorial an, vor dem ein Springbrunnen plätschert und welches das politische Vermächtnis verkündet: »I believe it is important that this country sail and not sit still in the harbor.«

»Let's sail home«, sagt Karen. Und auf dem Weg zurück nach Corn Hill hören wir Garrison Keillors *Prairie Home Companion*, die beste Radiosendung der Vereinigten Staaten, der Robert Altman 2006 ein filmisches Denkmal gesetzt hat. Und der Gastgeber persönlich singt uns seinen Klassiker *Slow Days of Summer*.

Barnstable

I started Early – Took my dog –
And visited the Sea –
The Mermaids in the Basement
Came out to look at me.
Emily Dickinson (1851)

Das Land zwischen Hyannis und Mashpee gehört zu Barnstable, der größten Stadt auf dem Kap, die aus den Orts-
teilen Centerville, Cotuit, Osterville und Marsten Mills besteht.
Die Siedlung wurde als zweitälteste nach Sandwich im Jahr 1648
gegründet. Der englische Geistliche John Lothrop hatte mit einer kleinen Schar von Kongregationalisten Plymouth verlassen,
wo es ihm nicht nur spirituell zu eng geworden war, und das
Land von den Cummaquid-Indianern für zwei Kupferkessel
und ein paar Zaunlatten gekauft. Dessen indianischer Name
»Mattakeese« bedeutete so viel wie »gepflügte Felder«, und tatsächlich fanden Lothrops Leute bestelltes Land vor. Sie tauften
es in Barnstable um, nach der englischen Hafenstadt, aus der
viele Gemeindemitglieder stammten. Bald legten sie eine Ver-
bindungsstraße nach Sandwich an, die den Namen Old Kings
Highway erhielt und bis nach Provincetown führen sollte.

Auch Barnstable war für uns lange Jahre *drive through land*, zumal die wenigen Sehenswürdigkeiten wie das Samuel Dottridge House weitab der Route 6 liegen. Das änderte sich im Sommer 2014, als ich im Mashpee Commons zum ersten Mal ein Bild von Ralph Cahoon zu Gesicht bekam. Es zeigte eine Klasse des Cape Cod Community College, das sich ebenfalls in Barnstable befindet. Auf ein Community College geht man, wenn die Eltern sich keines der teuren Privat-Colleges leisten können oder man einen handfesten Beruf erlernen will. Auf dem Bild von Cahoon besteht die ganze Klasse aus Meerjungfrauen, die, elegant auf ihren Fischschwänzen balancierend, in ihre Schulbücher blicken und eifrig dem jungen Lehrer zu imponieren versuchen. Der scheint von seinen halb nackten Schülerinnen ebenso fasziniert wie verstört zu sein und hält abwehrend einen langen Zeigestock über seine Pultbarrikade. Hinter dem Lehrertisch hängt eine Schultafel samt Alphabet, geometrischen Figuren sowie einer Welt- und einer Kapkarte. Zwei der Nixen sind, wie im richtigen Leben, von der Schule gelangweilt und blicken sehnsüchtig zum Fenster aufs Meer hinaus, wo sich zwei Dreimaster unter wallenden Segeln der Küste nähern.

Seit ich im Boston Fine Arts Museum zum ersten Mal Erastus Salisbury Fields *Garten Eden* gesehen habe, war mein Interesse für die amerikanische Volksmalerei des 18. und 19. Jahrhunderts geweckt. Bei Field, der von 1805 bis 1900 in Leverett, Massachusetts, lebte und nie aus Neuengland herausgekommen ist, liegt das Paradies jenseits der Rocky Mountains. Es erinnert mit seinen Palmen und Pelikanen an Kalifornien, das der Maler nur vom Hörensagen kannte. Dann fand ich sein *Historisches Monument der Amerikanischen Republik* von 1876 im Springfield

Museum, das die Geschichte der Vereinigten Staaten auf sieben babylonischen Turm-Wolkenkratzern erzählt. Das riesige Wandbild zeigt Hoffnung und Hybris der Vereinigten Staaten in einer architektonischen Vision, die ihren Aufstieg und Fall vorwegnimmt. Das Erstaunlichste ist eine Eisenbahnkonstruktion, welche die Türme in schwindelerregender Höhe miteinander verbindet und auf der man über sie hinwegfahren kann wie über ein Albtraum-Disneyland. Der Hauptturm ist Abraham Lincoln und dem Amerikanischen Bürgerkrieg gewidmet, dem blutigsten in der Geschichte Nordamerikas. Bertolt Brecht hat sich dieses Bild auf den Vorsatz seines amerikanischen Exiljournals geklebt, und die Kunsthistoriker rätseln noch heute daran herum wie an einem Werk von Hieronymus Bosch.

Die naive Malerei Neuenglands unterscheidet sich von den Bildern Henri Rousseaus oder Albert Eberts durch einen ungebrochenen Pioniergeist, der sich fast immer gen Westen träumt, dem Pazifik entgegen. Auf vielen dieser Gemälde sind Schiffe zu sehen, die sich zu jener sagenhaften Küste aufmachen, an der es Gold und Wale für alle gibt. Neben den Ansichten von Städten, Häfen, Farmhäusern und Landschaften finden sich vor allem Porträts, angefertigt von sogenannten *itinerant painters*, reisenden Malern, die auf Bestellung arbeiteten und von den Bedürfnissen der frühen Siedler lebten, ihren Nachkommen ein Bild der Familie zu hinterlassen. Die Werke dieser namenlosen Künstler zeigen Menschen, für die der amerikanische Traum trotz aller Härte und Entbehrung noch mehr war als ein leeres Versprechen. Vielleicht sind sie auch deswegen heute wieder so beliebt.

Die Bilder von Ralph und Martha Cahoon haben nicht die farbliche Kraft und die räumliche Tiefe der Arbeiten von Erastus Field oder Edward Hicks, aber sie sind geprägt von einer tiefen Liebe zu Cape Cod und seinen Bewohnern. Ralph Cahoon wurde 1910 in Chatham geboren, und sein Zeichentalent fiel schon in der High School auf. Nachdem er sich sein Schulgeld mit der Arbeit auf Fischerbooten und Cranberry-Farmen verdient hatte, besuchte er ab 1929 für zwei Jahre die School of Practical Art in Boston. 1931 kehrte er aufs Kap zurück und lernte Martha Farham kennen. Ihr Vater war ein bekannter Dekorationsmaler im benachbarten Harwich und hatte sich auf Möbel spezialisiert. Ein Jahr später heirateten die beiden, und während Ralph von seinem Schwiegervater in der Kunst der Möbeldekoration unterwiesen wurde, arbeitete Martha als Spezialistin für Blumen-und Lackmalerei. Das Geschäft lief so gut, dass das Paar 1945 ein Farmhaus in Cotuit kaufen konnte, in dem sie sich ihre Ateliers einrichteten. 1953 überzeugte sie eine ihrer Kundinnen, die Mäzenin und Mitbesitzerin der New York Mets, Joan Whitney Payson, einige ihrer Bilder in der Long Island Country Art Gallery auszustellen. Sie verkauften sich binnen kürzester Zeit, und so wechselten die Cahoons von der Möbel- zur Kunstmalerei. Ralph Cahoon entdeckte die Märchen und Sagen des Kaps als sein Sujet und begann, Indianer, Nixen, Wale und Segelschiffe zu malen. Martha Cahoon, deren Farbspektrum differenzierter war, bevorzugte Paradiesgärten, exotische Inseln und Stillleben.

Die Galerie der Cahoons wurde in den Sechzigerjahren zum Geheimtipp der Kap-Schickeria. Nachdem Jackie Kennedy ein Bild fürs Weiße Haus gekauft hatte, kamen auch die Mellons und die Du Ponts samt Gefolge. Die erstaunten Cahoons lernten früh ihre Lektion über die Irrationalität des Kunstmarkts und kamen mit ihrer Produktion kaum nach, was den Bildern nicht immer guttat. Immerhin konnten sie nun ihr altes Farmhaus von Grund auf renovieren und sich die Möbel leisten, die sie vorher für andere bemalt hatten. Ihr Haus, das 1775 von Ebenezer Crocker erbaut worden war, hatte unter anderem als Taverne und Gasthaus für die Postkutschen zwischen Hyannis und Sandwich gedient und war in einem erbärmlichen Zustand. »Wenn es stürmte, blies der Wind sogar durch die Risse im Fußboden, sodass die Teppiche Wellen schlugen«, erinnerte sich Martha Cahoon später. Sie verkaufte das Haus nach dem Tod ihres Mannes 1982 an die Kunstsammlerin Rosemary Rapp, behielt aber ein lebenslanges Wohnrecht. Hier malte sie, bis sie 1999 mit vierundneunzig Jahren Pinsel und Palette für immer aus der Hand legte.

Heute beherbergt das rote Farmhaus das Cahoon Museum of American Art und stellt neben den Werken seiner beiden Bewohner auch die *sailors' valentines* ihres Freundes Bernie Woodman aus, der aus Muscheln, Seeschnecken und Sanddollars filigrane Blumensträuße des Meeres zaubern konnte.

Im Museumsladen entdeckt Karen den großen Druck eines Gemäldes von Ralph Cahoon, das nicht in der Ausstellung zu sehen gewesen war. »Da hast du die ganze Vorgeschichte des Kaps«, sagt sie, als sie mir das Bild schenkt. Es zeigt ein Indianerlager an der Küste und dessen Bewohner, die von ihren Kanus aus einen mächtigen Wal angreifen, der sich in ihre Bucht verirrt hat. Nixen tauchen auf, um dem Wal zu Hilfe zu kommen, eine reitet sogar eine Attacke auf einem wütenden Narwal. Die mächtige Fluke des Wals schickt gerade ein zerschmettertes Kanu samt Besatzung gen Himmel, aber vom Ufer legen trotzdem immer mehr Harpuniere ab. Zwei Möwen blicken interessiert auf das Geschehen, und über alldem halten ein

Meermann und eine Meerjungfrau ein Schild mit der Aufschrift »Coonamesset Inn«. »Coonamesset« bedeutet auf Algonquin so viel wie »Fluss des Großen Fisches« und erinnert daran, dass sich hier immer wieder Wale bis in die Flussmündungen verirrt haben. Ralph Cahoon malte das Bild 1969 für das beliebte Inn in Falmouth, in dem es heute einen Cahoon-Saal mit achtzehn Originalen gibt.

»Gefällt es dir?«, fragt Karen. »Ein bisschen kitschig, oder?«

»Ein Seestück kann gar nicht kitschig sein«, bedanke ich mich. »Schon gar nicht, wenn Wale und Nixen drauf sind. Für mich sind Dalí und Warhol Kitsch, aber nicht die Cahoons oder Grandma Moses.«

»Da bin ich ja beruhigt. Und wo kann man hier in Barnstable essen gehen?«, fragt sie die Verkäuferin des Museumsladens.

»Wenn Sie nicht anspruchsvoll sind, überall. Wenn doch, dann fahren Sie zur Mattakeese Wharf.«

Wir entscheiden uns, anspruchsvoll zu sein, und genießen den Blick über den Hafen von Barnstable und die ausgezeichnete Bouillabaisse.

Mashpee

They hunted and made antler tools
Wore deer skin wraps and moccasin shoes.
Used quahog shells for wampum trade,
Their sachem leader made the rules.

The Wampanoags (Kindergedicht aus Rochester, 1975)

Mashpee – das »Land bei der großen Bucht« – ist der Ort des ersten Indianer-Reservats der Vereinigten Staaten. Der Landstrich zwischen Mashpee Pond und Popponesset Bay war lange vor Ankunft der Pilger ein Sommerlager der Wampanoag, die hier jagten, fischten und ihren Mais anbauten. Wir hatten Mashpee schon im Sommer 1994 einen ersten Besuch abgestattet, um das Old Indian Meeting House von 1684 zu besuchen. Leider waren die Türen verschlossen, und auch auf dem angeblichen Indianerfriedhof konnten wir keine Spuren indianischer Vergangenheit finden. Die Namen waren allesamt englisch, und Totems oder Tiersymbole, auf die ich gehofft hatte, gab es nicht. Es schien, als sei die Geschichte der Indianer von Cape Cod auch hier ausgelöscht.

Zehn Jahre später sind wir besser vorbereitet, und manches hat sich verändert. Aus Josef Bergers *Cape Cod Pilot* wissen wir, dass Captain Miles Standish dem Sachem Paupmunnuck, Häuptling der South Sea Indians, schon im Mai 1648 große Teile des Landes zwischen Barnstable und Waquoit Bay abgehandelt hatte, wiederum nur für zwei Messingkessel und ein paar Scheffel Mais. Doch dem Häuptling war dabei nicht klar gewesen, welche Folgen der Vertrag haben sollte, unter den er da sein Kreuz gesetzt hatte. Die Vorstellung von Landbesitz im europäischen Sinne gab es bei den Wampanoag nicht. Für die »Leute des ersten Lichts«, wie sie sich selbst nannten, existierte lediglich ein Nutzungsrecht, und der Sachem hatte geglaubt, dass die Engländer das Land fortan mit ihnen teilen wollten. Als sie jedoch von den neuen Siedlern am Jagen und Fischen gehindert wurden und selbst die Reise ihres Abgesandten Cognehew an den Hof Georgs III. keine Änderung bewirken konnte, wollte Paupmunnuck den Vertrag für ungültig erklären. Zwei der Gemeindevertreter wiesen daraufhin schulterzuckend auf sein Zeichen und erklärten, Unterschrift sei nun einmal Unterschrift. Doch ein Dritter war anderer Meinung: Wenn die Indianer den Inhalt des Vertrags nicht verstanden hätten oder er ihnen nicht ausreichend erläutert worden sei, sei der Vertrag hinfällig, erklärte Richard Bourne. Seine Landsleute waren empört. Bourne war nicht nur ein eloquenter Anwalt, sondern auch selbst einer der größten Landbesitzer, außerdem der gewählte Geistliche seiner Gemeinde, und so stimmte man schließlich grollend zu, dass die Indianer ihr Land »zur Nutzung und zur Jagd« wieder betreten durften. Im Gegenzug mussten sie allerdings zustimmen, dass Richard Bourne in Mashpee eine Gemeinde für diejenigen gründen durfte, die zum Christentum übertreten wollten. Ganz so selbstlos war der Einsatz des Reverends für die Sache der Indianer somit nicht. Jedenfalls kam es so, dass Mashpee zur ersten der »Praying Indian Towns« auf Cape Cod wurde und die Wampanoag unter Anleitung ihres neuen Hirten lernten, zum Großen Geist der weißen Männer zu beten.

Als 1675 der Krieg zwischen Sachem Metacom und den Engländern ausbrach, blieben die Indianer des Kaps auf der Seite der Siedler. Ein Jahr später war Metacom besiegt, und auf dem Schlachtfeld lagen über neunhundert tote Indianer. Viele Wampanoag waren vom Festland nach Mashpee geflohen und hatten in der Gemeinde von Richard Bourne Obdach und Schutz gefunden. »Er [Bourne] erkannte, dass der erste Schritt, die Indianer zu bekehren, darin bestand, ihnen ihr Land und ihre Selbstverwaltung wiederzugeben«, schreibt Henry C. Kittredge. »Es kostete ihn zwanzig Jahre, dies zu erreichen, aber 1665 wurde ein Gesetz bestätigt, nach dem die Indianer ihre eigene Gerichtsbarkeit zurückerhielten und eigene Urteile über Straftäter fällen konnten.« John Eliot, der »Apostel der Indianer«, hatte inzwischen die Bibel in ihre Algonquin-Sprache übersetzt. Mithilfe dieses Buchs und vier indianischer Hilfsprediger gelang es Bourne, die fünfhundert Einwohner der Mashpee Plantation zum Christentum zu bekehren. 1670 wurde er auch von offizieller kirchlicher Seite zum Pfarrer berufen und missionierte, bis zu seinem Tode im Jahr 1685, kapaufwärts bis nach Truro. Geblieben ist neben dem alten Indian Meeting House auch Bournes Wohnhaus am Herring Run, in dem sich heute das Indian Museum befindet. Hier sind wir mit Alexandra Pocknett verabredet, die selbst aus einer alten Wampanoag-Familie stammt und uns eine Führung durch das Haus versprochen hat. Alexandra trägt ein Muschelamulett und ein großes Schlangentattoo auf der Schulter.

»Nachdem Richard Bourne gestorben war, wurde sein Schüler Joe Amos der erste indianische Prediger auf Cape Cod. Bournes Sohn Shearjashub achtete auf die Einhaltung der Verträge, die sein Vater mit den Wampanoag geschlossen hatte, und ergänzte sie dahin gehend, dass kein Teil unseres Landes mehr von Weißen gekauft werden durfte, nicht einmal mit Zustimmung des Obersten Gerichts. In der Praxis hielt sich allerdings niemand daran. Sogar die indianische Selbstverwaltung wurde nach und nach wieder abgeschafft. Wer nicht konvertieren wollte, der wurde ausgewiesen und sein Land konfisziert. Die Männer wurden eingesperrt, die Frauen und Kinder auf karibische Zuckerrohrplantagen verkauft. Unsere Sprache und unsere Legenden wurden verboten. So idyllisch, wie es manche amerikanische Schulbücher heute darstellen, war es auch auf Cape Cod nicht. Dabei gab es hier einmal eine uralte indianische Kultur.«

Alexandra zeigt uns Walbeinschnitzereien, Speerspitzen und Harpunen. »Unsere Männer fuhren in ihren kanuartigen ›meshoons‹ schon lange auf Walfang und wurden deshalb auch später auf den amerikanischen Walfängern als Harpuniere angeheuert. Aber trotz ihrer Erfahrungen und ihres Muts wurden sie schlecht bezahlt und manchmal, bei erfolglosen Fangreisen, von den Kapitänen sogar in fremden Häfen verkauft.« Sie deutet an einer Wandkarte auf die Namen von sieben Wampanoag, die 1851 vom Kapitän der Bark *Dryade* in San Francisco wie Sklaven verkauft wurden, darunter auch ihre eigenen Vorfahren Alexander und Moses Pocknett. »Aber es gibt auch andere Geschichten: Dieses Bild zeigt Solomon Attaquin, der 1810 in Mashpee geboren wurde und sich vom Schiffskoch bis zum Walfangkapitän hochgearbeitet hat. 1840 hatte er genügend Geld gespart, um hier das erste Hotel zu eröffnen, das legendäre Attaquin Inn am Mill Pond. Hier war neben Henry David Thoreau auch Präsident Grover Cleveland zu Gast. Eines Abends nach einem Angelausflug verirrte Cleveland sich und fand nicht den Weg zurück ins Hotel. Er wurde von einem Unwetter überrascht und war froh, als er endlich in einem Farmhaus Licht sah. Nach langem Klopfen öffnete sich eines der oberen Fenster. ›Was wollen Sie?‹ – ›Ich bin der Präsident. Ich habe mich verirrt und will heute Nacht hierbleiben.‹ – ›Meinetwegen, bleiben Sie da.‹ Und damit wurde das Fenster wieder zugeschlagen. Sie sehen, man hielt in Mashpee nicht viel vom Großen Weißen Vater aus Washington.«

Als 1869 entschieden wurde, ob die Indianer der Siedlung das Bürger- und Wahlrecht bekommen sollten, hielt Solomon Attaquin eine Rede, die bei den Wampanoag bis heute unvergessen ist: »Ich will den Tag noch erleben, an dem ich ein freier Mann mit allen Rechten dieses Gemeinwesens bin. Ich will diesen Tag noch erleben, bevor mein Haupt zur Ruhe gebettet wird. Ich will den Tag noch erleben, an dem ich ein freier Bürger wie alle anderen Bürger der Vereinigten Staaten bin, und ich sage heute: Unser Volk ist bereit für diesen Tag.« Es sollte bis zum Jahr 2007 dauern, ehe die Wampanoag als Stamm anerkannt wurden, denn diese Anerkennung hatte rechtliche Konsequenzen, welche die Regierungen in Boston und in Washington immer wieder zu verhindern suchten.

»Bis zum Jahr 2006 gab es in Boston sogar noch ein Gesetz, nach dem es völlig legal gewesen wäre, einen Indianer im Stadtgebiet zu töten, ohne dass ein Weißer dafür hätte belangt werden können. Und bis heute ist es den Wampanoag zumindest auf dem Papier verboten, sich miteinander in ihrer Sprache zu unterhalten. Wenn wir in unseren Sommercamps unsere Kinder die Sprache ihrer Vorfahren lehren, brechen wir dieses Gesetz eigentlich tagtäglich. Die Anerkennung unseres Stammes ist 2007 auch nur erfolgt, weil unsere Verhandlungsführer schließlich zugestimmt haben, dass wir als Stamm kein Land von Massachusetts zurückfordern würden. Das hat unsere Gemeinschaft tief gespalten. Aber der Prozess hatte sich schon dreißig Jahre lang hingezogen, und die Aussichten auf einen Erfolg wurden immer geringer. Immerhin dürfen wir jetzt als Einzelpersonen klagen, wenn es uns nachzuweisen gelingt, dass unseren Vorfahren ein bestimmtes Stück Land gehörte. Aber wer kann das schon? Und wer kann sich die teuren Anwälte leisten, die sich die Weißen aus New York und Boston ihrerseits nehmen, um ihre Sommerhäuser und Grundstücke zu behalten?«

Damit führt Alexandra uns nach draußen und zeigt uns den Nachbau eines Wetu, der indianischen Rundhütte, in der die Wampanoag auf Cape Cod zu Zeiten der Ankunft der Pilger lebten. Sie wurde aus einem Geflecht aus biegsamen Ästen errichtet und mit Baumrinde gedeckt. Außer dem Eingang gibt es nur die Öffnung für den Rauchabzug im Dach, ansonsten ist die Hütte fensterlos, aber erstaunlich geräumig.

»Im Winter, wenn das Wetu eingeschneit war, mussten alle durch die Rauchklappe hinausklettern, was für die Kinder immer ein großer Spaß war. In einer solchen Hütte lebten bis zu zehn Menschen, oft in drei Generationen.« Alexandra zeigt uns die Bettgestelle, die an den Rändern der Hütte entlanglaufen und auf denen Biber- und Waschbärfelle, Holzschüsseln voller Mais und Bohnen sowie ein Tomahawk und eine Puppe aus Hirschleder liegen. »Spiele sind bei uns noch immer sehr beliebt. Früher dienten sie vor allem dazu, die Kinder auf die Jagd und den Fischfang oder auf die Arbeit auf den Feldern vorzubereiten.« Vor dem Wetu liegt ein schweres Kanu aus Eichenholz wie ein gestrandeter Wal mit aschgrauer Wetterhaut. Alexandra sammelt vertrocknete Blätter und kleine Äste heraus und streicht über die glatte Bordwand. »Mit diesen ›meshoons‹ sind unsere Vorfahren bis nach Neufundland hinaufgefahren. Sie waren ebenso geschickte Bootsbauer wie Walfänger. Bei der Jagd benutzten sie ausgehöhlte Baumstämme, die an der Harpunenleine befestigt waren. Wenn eine Harpune im Wal festsaß, verhinderten die Stämme dessen Abtauchen. Die Indianer waren es, die den Cape Coddern den Walfang beigebracht haben, aber auch das wird oft vergessen. Für uns ist der Wal jedoch ein heiliges Tier geblieben, und es gibt viele Märchen und Sagen um ihn.«

Wir setzen uns auf eine Bank an der Seite des Hauses, und Alexandra erzählt uns die Legende von Amos Smalley, einem Wampanoag aus Aquinnah auf Martha's Vineyard, der einst den ersten weißen Wal im Nantucket Sound harpuniert hat. Der Riese Moshup persönlich soll das Tier geschickt haben, um den Stamm vor dem Hungertod zu bewahren. Und so begegnen wir Moby Dick auch in Mashpee.

»Wir beginnen wieder, diese alten Geschichten zu sammeln«, erklärt Alexandra. »Unser Stamm veranstaltet jeden Juli ein großes Powwow, ein indianisches Volksfest, bei dem gesungen und getanzt wird und Märchen erzählt werden. Es gibt Buffalo-Burger, Firecracker-Shrimp und Sassafras-Tee. Die Frauen zeigen ihre Trachten und ihre Wampum-Stickereien, die sehr aufwendig sind.«

Wampum-Gürtel haben wir bereits in der Indian Art Collection von Cooperstown am Lake Otsego gesehen. Sie werden aus polierten und durchbohrten Perlmuttzylindern gefertigt, die man aus der Schale der Quahog-Muschel gewinnt. Der holländische Handelsagent Isaac de Rasière aus Nieuw Amsterdam, dem späteren New York, hatte die Gürtel von den Algonquin auf Manahatta bekommen und brachte sie als Zahlungsmittel für den Pelzhandel in Umlauf. Erst dadurch wurden sie zum »Indianergeld«, denn vorher galten sie vor allem als Zeugnisse für Stammesbündnisse oder Friedensabkommen.

Zurück im Museum, zeigt uns Alexandra einen weiß und blau schimmernden Wampum und einen bunt bestickten Wandbehang von Emma Joe Mills, auf dem eine Reihe kunstvoll gefertigter Symbole zu sehen sind: schwarze Aale, braune Schildkröten, silbrige Heringe, grüne Frösche, rote Cranberrysträucher und über allem schwebend weiße Golfbälle und Fähnchen mit Dollarzeichen. »Das ist die Geschichte von Mashpee«, lächelt Alexandra. »Vom Reichtum der Natur zum Reichtum auf dem Golf Course. Wenigstens gibt es hier noch kein Casino.« An anderen Orten Neuenglands wie Foxwood in Connecticut betreiben nämlich Indianerstämme mit staatlicher Genehmigung Spielcasinos, in denen zur Abwechslung mal sie den weißen Männern das Geld abnehmen.

Zum Abschied schenke ich Alexandra mein Heringsbuch für die Bibliothek des Museums. »Ach, Sie sind Heringsspezialist?«, fragt sie erfreut. »Haben Sie das Netz neben dem Wetu gesehen? Das ist für eine Heringsreuse, ich habe es selber geknüpft Dann müssen Sie sich unbedingt noch den *herring run* ansehen, gleich neben dem Parkplatz.« »Was ist ein *herring run*?« »Ein kleiner Kanal, der vom Mashpee River zu den Seen führt, in denen die Heringe laichen. Seit die Bestände zurückgegangen sind, gibt es während der Laichzeit ein Fangverbot, das leider immer wieder verletzt wird. Wenn Sie im nächsten Sommer wiederkommen, besuchen Sie unser Powwow, da gibt es viel geräucherten Hering!«

Am *herring run* findet sich eine Tafel mit einer Karte der Heringswanderung vom Atlantik bis zu den Seen von Mashpee sowie ein Angelverbotsschild der Marine Fisheries, der Fischereibehörde von Massachusetts. Heringe sind nirgends zu sehen, aber ein Fischadler blickt von einer Weide am Ufer lauernd auf den Kanal. Die Sonne scheint, und so setzen wir uns für einen Augenblick auf die Mauer unter der Brücke, wo ich Karen die Geschichte von Richard Bournes Kampf gegen den Teufel vorlese, die ich im Museum gefunden habe.

Nachdem Satan vergebens alle höllischen Künste aufgebracht hatte, den Reverend von seinen guten Werken abzubringen, griff er schließlich zu einem irdischen Mittel: Er sammelte sämtliche Findlinge, die er zwischen Truro und Brewster finden konnte, stopfte sie in einen Sack und zog damit gen Mashpee, um den eifrigen Missionar zu erschlagen. Im Wald traf er auf eine Meise, die seine finsteren Absichten durchschaute und zu singen begann:

> *Howdy, Devil!*
> *You're gonna wressle*
> *With Richard Bourne?*
> *You're gonna git*
> *The worst of it!*

Wenn man das laut liest, hört man mit einiger Fantasie den Gesang der Weidenmeise, die seinetwegen in Amerika auch »chickadee« genannt wird. Übersetzt bedeutet der Spottvers so viel wie: Du willst dich mit Richard Bourne anlegen, Teufel? Da wirst du ordentlich was auf die Schnauze kriegen.

Der Spott brachte Satan natürlich in Rage, und so hetzte er der Meise hinterher, die ihn immer weiter von Richard Bournes Haus fortlockte. Er schleuderte die Findlinge nach ihr, traf aber kein einziges Mal, sondern stolperte stattdessen über eine Baumwurzel und schlug sich sämtliche Zähne dabei aus. So kam die Meise zu ihrem Lied und wurde später sogar zum Staatsvogel des Commonwealth of Massachusetts.

Findlinge habe ich keine in der Tasche, aber immer ein paar Hühnergötter, jene Feuersteine von Rügen, die angeblich Glück bringen. Einige Hühnergötter habe ich schon zu Herman Melvilles Farm »Arrowhead« und zu Stevensons Grab auf dem Mount Vaea gebracht, weitere zu den Buckelwalen von Kauai und den Pottwalen von Kaikoura, zu Pablo Nerudas Haus in Isla Negra und zum Todai-ji-Tempel in Nara. Heute werfe ich einen in den *herring run*, und damit verabschieden wir uns von Mashpee und den Jagdgründen der Wampanoag.

Wenn man von Mashpee aus nördlich auf die Route 28 in Richtung Falmouth fährt, kommt man am Waquoit Bay National Estuarine Research Reserve vorbei. Hier gibt es eine Fischadlerkolonie, und im Park Center erfährt man viel über die Wiederansiedlung dieser einst nahezu ausgerotteten Greifvögel. Die Salzmarschen, Kiefernwälder und der Atlantik an der Waquoit Bay sind ein ideales Jagd- und Brutgebiet für Fischadler. Ich habe von den Rangern gelernt, dass sie, wie Möwen und Seeschwalben, ein weißes Brustgefieder tragen, weil die Fische sie dadurch beim Anflug über Wasser nur schwer wahrnehmen können.

»Mutter Natur denkt mit«, sagt Karen, während sie die Jungen im Horst auf dem Dach des Centers mit dem Fernglas beobachtet. Und dann fahren wir zum South Cape Beach, wo ich den Sommer über an meiner Theaterfassung von *Moby-Dick* schreiben werde, während Karen lange Spaziergänge macht und von ihnen Adlerfedern mitbringt.

Falmouth und Woods Hole

O beautiful, for pilgrim feet
Whose stern, impassioned stress
A thoroughfare for freedom beat
Across the wilderness!
Katherine Lee Bates, *America the Beautiful* (1893)

Nach Falmouth, der zweitgrößten Stadt auf dem Kap, kommen wir zum ersten Mal im Zusammenhang mit einem Besuch in Woods Hole, wo sich das Marine Biological Laboratory und die Woods Hole Oceanographic Institution befinden. Beide Häuser hatten mir bei der Arbeit an meinem Heringsbuch mit Informationen über Bestände und Wanderverhalten des Atlantischen Herings und des Atlantischen Menhadens geholfen, und ich möchte ein Exemplar des Buches in der berühmten Lilly Library in Woods Hole abgeben. Da wir uns nun schon auf den Weg in den Süden gemacht haben, besuchen wir vorher Falmouth Village, das für seine Kapitänsvillen und das Geburtshaus von Katherine Lee Bates bekannt ist.

Falmouth erhielt seinen Namen von Bartholomew Gosnold, der 1602 von Falmouth auf Cornwall abgesegelt war und wahrscheinlich als erster Europäer diese Küste beschrieben und kartografiert hat. Gosnolds Schiffskamerad John Brereton schreibt über die ersten Begegnungen mit den Wampanoag von Falmouth: »Diese Menschen sind über alle Maßen höflich und sanft … und übertreffen alle, die wir bisher getroffen haben, an Körpergröße und guten Manieren. … Sie sprechen unsere Sprache mit großer Leichtigkeit nach. Zu einem von ihnen, der neben mir saß, sagte ich einmal die Worte, Wie kommt es, Sir, dass Ihr Euch so unverschämt von meinem Tabak bedient?, welche er … plötzlich so klar und deutlich nachsprach, als sei er seit Langem ein Gelehrter in dieser Sprache.« Doch so idyllisch sollte es auch hier nicht bleiben: 1660 kamen die ersten englischen Kolonisten nach Falmouth, und der übliche Landraub samt anschließender Vertreibung begann. Neben Ackerbau betrieben die Engländer auch Schafzucht, wofür sie große Weideflächen rodeten und einhegten. Von der Kultur der Wampanoag ist heute auch hier so gut wie nichts mehr zu finden.

Dafür steht auf dem Village Green vor der Public Library eine lebensgroße Statue von Katherine Lee Bates, der berühmtesten Tochter der Stadt. Die Literaturprofessorin am Wellesley College unterrichtete nicht nur Poetik, sondern schrieb auch selbst Essays, Reiseberichte und Gedichte. Ihr berühmtestes ist *America the Beautiful*, das in der Vertonung von Samuel A. Ward zu einer der beliebtesten Stadionhymnen der Vereinigten Staaten wurde. Nicht wenige Amerikaner würden es sogar lieber als das militante *Star-Spangled Banner* als Nationalhymne singen, aber alle diesbezüglichen Initiativen sind bislang gescheitert. Nicht nur in den eingangs zitierten Zeilen hört man die Tochter des Kaps, auch wenn das Gedicht tatsächlich in Colorado entstanden ist.

Karen stellt sich neben ihre bronzene Kollegin und lässt mich ein Foto machen. »Weißt du, was sie gesagt hat, als ein Professor sie und ihre Lebensgefährtin als *free-flying spinsters*, also als ›lockere Fräulein‹, bezeichnet hat, die nur ›am Saum des großen Lebensgewebes‹ herumfusseln würden? – ›Ich denke, am Saum lebt man am besten. Mir liegt nichts daran, allzu fest eingewebt zu sein.‹« Und sie klopft Miss Bates anerkennend auf die Schulter.

Auf dem Village Green steht auch die First Congregational Church, die 1796 erbaut wurde. In ihrem Glockenturm befindet sich die berühmteste Glocke von Cape Cod, die kein Geringerer als Paul Revere gegossen hat, der anerkannte Silberschmied aus Boston. Berühmtheit erlangte er jedoch vor allem durch seinen nächtlichen Ritt nach Concord, wo er im April 1775 die Patrioten vor den herannahenden Engländern warnen wollte. Dieses Unterfangen hat Henry Wadsworth Longfellow in dem Poem *Paul Revere's Ride* von 1863 zu einem Revolutionsmythos gemacht – es wurde in zahllosen Drucken, Flugblättern und Comics verbreitet und bedeutete auch den Sieg der Dichtung über die Wahrheit: In Wirklichkeit erwischte eine britische Patrouille Revere, und er kam nie in Concord an. Sein Begleiter, Dr. Samuel Prescott, konnte jedoch entkommen und die Aufständischen rechtzeitig alarmieren. Nur ein paar Historiker wissen heute noch, wer Dr. Prescott war, während in ganz Neuengland Straßen, Plätze, Hotels und Biersorten nach Paul Revere benannt sind.

Nachdem wir im Clam Shack eine Clam Chowder gegessen haben, geht es weiter nach Woods Hole. Nach einem kurzen Halt am Nobska Light, von dem man das *hole in the woods* sehen kann, dem der Ort seinen Namen verdankt, fahren wir über die kleine Zugbrücke zum Eel Pond und suchen nach einem Park-platz. Das kann sich in Woods Hole so schwierig gestalten wie in Manhattan. Aber ich habe den Hühnergott nicht umsonst in den *herring run* geworfen, und wir finden schließlich eine Lücke genau vor der Bibliothek des Marine Biological Labora-tory. Weil wir durch unser Parklücken-Glück ein wenig zu früh sind, sehen wir uns im Foyer einen Film über die Geschichte des MBL an:

1871 beschloss der US-Kongress die Gründung einer Kom-mission, die die Ursachen der schwindenden Fischbestände an der Ostküste erforschen sollte. Deren erster Direktor Spen-cer Fullerton Baird sah in Woods Hole dank seiner Lage und des Artenreichtums den idealen Ort für die Einrichtung einer permanenten Forschungsstation. Er überzeugte den Meeres-biologen Adolphus Hyatt, sein Norwood-Hyatt-Labor von der Nordostküste Massachusetts nach Woods Hole zu verlegen. Nach den ersten Jahren, in denen die Wissenschaftler Schiffe der US Navy nutzen konnten, um die Bestände aufzunehmen, wurde klar, dass die Kommission eigene Schiffe brauchen wür-de, um verlässliche Daten zu sammeln. 1883 bekam sie den Kutter *Osprey* und die Brigg *Albatross* übereignet, die zum Mut-terschiff der amerikanischen Marinebiologie werden sollte. Der Kongress hatte sich inzwischen daran gewöhnt, dass das Bud-get der »Fisheries« jedes Jahr wieder im Haushalt auftauchte, und bewilligte es stets von Neuem. So konnte Baird 1888 die Einrichtung des Marine Biological Laboratory als fester Institu-tion durchsetzen, und die *Albatross* wurde mit zwei Forschungs-labors und moderner Fangtechnik ausgerüstet.

Die Marinebiologen hatten erkannt, dass sich die grundle-genden Evolutionsprozesse von der Zellteilung bis hin zu den

hochkomplexen Entwicklungen von Nervensystemen an einfachen marinen Lebensformen besser studieren ließen als an
höher entwickelten Tierarten. Das Labor und seine Bibliothek
wuchsen, aber das Budget erwies sich über die Jahre als zu
klein. Angesichts der steigenden Kosten wurde der Kongress
unruhig und beschloss, aus der Kommission das US Bureau of
Fisheries zu machen und es dem Wirtschaftsministerium zu
unterstellen. Dieses gab sich weniger großzügig und begann
mit bürokratischen Kontrollquerelen. Der neue Direktor Elmer
Higgins musste sich etwas einfallen lassen, um seine Behörde
in der Öffentlichkeit ins richtige Licht zu rücken und die Spar-
kommissare abzuwimmeln. Genau in diesem Moment fand
er in Rachel Carson eine geniale Mitarbeiterin, der wir später
noch begegnen werden.

Jetzt wird es für Karen und mich Zeit, unseren Termin mit
der Bibliothekarin Nancy Stafford wahrzunehmen und ihr das
Heringsbuch zu überreichen. Es bekommt sogleich den wun-
derschönen Bibliotheksstempel mit zwei Seepferdchen, die sich
um einen Dreizack ringeln, und dann dürfen wir durch die Bü-
chersäle wandeln. Sie beherbergen über dreihunderttausend
Bände und Fachjournale aus dreihundert Jahren weltweiter
maritimer Forschung sowie viertausend wissenschaftliche Da-
tenbanken. Eine davon ist die *Encyclopedia of Life*, deren Ziel
es seit 2008 ist, alle bisher bekannten Lebewesen auf der Erde
zu katalogisieren, was voraussichtlich noch zehn Jahre dauern
und Hunderte Millionen Dollar kosten wird. Bleibt zu hoffen,
dass sich dabei nicht eines jener anorganischen Lebewesen ein-
schleicht, die von Netz-Terroristen weltweit gezüchtet werden.

Ein vergilbtes Foto im zweiten Stock zeigt den Forschungs-
kutter *Vigilante* beim Anlegen an der Pier mit einer Gruppe jun-

ger Männer und Frauen am Bug. Die Bildunterschrift erläutert: »Die *Vigilante* bei der Rückkehr von ihrer letzten Forschungsreise der Saison im August 1897. Die junge Frau ganz rechts an der Reling ist Gertrude Stein.« Ein Spaßvogel hat einen Zettel unter den Rahmen gesteckt: »A row is a row is a row«, eine Parodie auf die wohl berühmteste Verszeile der Dichterin. Wobei *row* nicht nur »Ruderpartie«, sondern auch »Randale« bedeuten kann. Gertrude Stein als feuchtfröhliche Meeresbiologin? Wo sind ihre Gedichte über Seerosen und Purpurschnecken? Ich habe fast alles von ihr gelesen, als ich 1997 an der Textfassung für Robert Wilsons Produktion von *Saints and Singing* mitgearbeitet habe, aber dabei war mir nichts Maritimes aufgefallen. »Wahrscheinlich hat sie im Sommer 1897 ihren Bruder Leo nach Woods Hole begleitet«, erklärt uns Nancy Stafford. »Der studierte zu dieser Zeit an der Johns Hopkins University Biologie, während sie selbst für Medizin eingeschrieben war. Leider gibt es von ihr keine Gedichte über die Meeresbewohner von Cape Cod.«

Vor unserem nächsten Termin bei der Woods Hole Oceanographic Institution haben wir noch Zeit und machen einen Spaziergang an der Pier entlang der Water Street. Dort sitzt auf einer Bank eine lebensgroße Frau aus Bronze. Mit Bronzestatuen haben sie es auf Cape Cod. Ein Schild warnt: »Caution! Metal gets hot!« »Mädel wird heiß«, übersetzt Karen sprachspielend. »Wer ist Rachel Carson?«, frage ich. »Du kommst nach Woods Hole und kennst Rachel Carson nicht? Habt ihr in der DDR etwa nicht *Silent Spring* gelesen, ihr Jahrhundertbuch über DDT?« »Tut mir leid«, muss ich passen. »Dann setz dich hin und hör zu.« Und so bekomme ich direkt neben Rachel Carson auf der Bronzebank eine kurze Einführung in das Leben einer

Wissenschaftlerin, deren Werk mich noch den ganzen Sommer über beschäftigen wird.

Rachel Carson wurde 1907 in Springdale in der Nähe von Pittsburgh geboren und von ihrer Mutter schon früh in die Geheimnisse der Natur und auch der Bücher eingeweiht. Schon mit elf Jahren konnte sie ihre erste Kurzgeschichte an das *St. Nicholas Magazine for Boys and Girls* verkaufen, in dem immerhin schon Mark Twain, Rudyard Kipling und Joseph Conrad Geschichten für Kinder veröffentlicht hatten. Ihre Eltern förderten Rachels Talent und verkauften Land, das ihnen gehörte, damit sie das Pennsylvania College for Women besuchen konnte. Hier begegnete sie der Biologieprofessorin Mary Scott Skinker, deren Vorlesungen Carson veranlassten, von Englischer Literatur zur Zoologie zu wechseln. Nachdem sie das College magna cum laude abgeschlossen hatte, erhielt sie sowohl einen Studienplatz für Zoologie an der Johns Hopkins University als auch einen Praktikumsplatz für den Sommer 1929 am Marine Biological Laboratory in Woods Hole.

Bis dahin hatte die junge Biologin nur mit Nasspräparaten von Fischen und Krebsen arbeiten können und noch niemals das Meer gesehen. Nun fuhr sie zum ersten Mal in ihrem Leben nach New York City und von dort mit der Fähre weiter nach New Bedford. »Es war ein regnerischer Nachmittag«, erinnerte sich Rachel Carson später, »und die Freiheitsstatue war kaum zu sehen, als wir vorbeifuhren. Ich sah die Küste von Long Island und, nachdem wir Montauk passiert hatten, zum ersten Mal das offene Meer. Es war wunderbar.« In New Bedford stieg Carson auf eine kleine Fähre um, die sie weiter nach Woods Hole brachte. Gut vorbereitet durch Professor Skinker, die selbst am Marine Lab gearbeitet hatte, erwartete sie hier eine neue Welt, die sich ganz der Erforschung der Ozeane gewidmet hatte. Die Bibliothek, die Labore und ihre Mitarbeiter begeisterten Rachel Carson sofort. Ihre Selbstzweifel, ob sie als junge Frau unter den vielen Männern akzeptiert würde, schwanden schnell.

Bei Ebbe sammelte sie Seeanemonen, Seeigel und Taschenkrebse aus Felsspalten und fertigte Präparate an. Wissenschaftler der »Fisheries« luden sie darüber hinaus zu Sammlungsfahrten in die Buzzards Bay ein, und Carson sah voller Staunen, was die Schleppnetze aus der Tiefe des Atlantiks heraufholten: Algen, Muscheln, Krabben und Fische, die sie noch nie gesehen hatte. »Auf einmal sah ich all die Kreaturen dieser fremden Meereswelt lebendig vor mir und wusste: Das war meine Welt.« Sie sollte es für die nächsten dreißig Jahre bleiben.

Nach dem Tod ihres Vaters musste Rachel Carson zunächst ihr Promotionsvorhaben abbrechen und mittels Lehraufträgen und Laborassistenzen ihre Mutter und ihre Schwestern unterstützen. Wieder griff Mary Scott Skinker ein und ermutigte Carson 1935, eine Prüfung für den Staatsdienst abzulegen. Auf diesem Wege erlangte sie schließlich die Stelle einer wissenschaftlichen Mitarbeiterin bei der US-Fischereibehörde und traf auf deren Direktor Elmer Higgins, der die erwähnten Probleme mit der Ministerialbürokratie hatte. Rachel Carson kam wie gerufen: Higgins erkannte ihr schriftstellerisches Talent und beauftragte sie mit einer Artikelserie für das CBS Radio Network, die den Titel *Abenteuer unter Wasser* tragen und der Arbeit der Behörde zu größerer Bekanntheit verhelfen sollte. Der Erfolg von Carsons Artikeln war so beeindruckend, dass Higgins ihr schon 1936 eine Vollzeitstelle verschaffen konnte und sie fortan sämtliche Berichte über die aktuellen Projekte der »Fisheries«

für Presse und Kongress verfasste. Ihr Aufsatz *Unterwasserwelt*, den sie 1937 für den *Atlantic Monthly* schrieb, machte Quincy Howe, den Cheflektor von Simon & Schuster, auf Carson aufmerksam. Er schlug ihr vor, den Aufsatz zu einem Buch zu erweitern. Dies dauerte länger als geplant, und *Under the Sea Wind* wurde 1941 nur zu einem Achtungserfolg, doch Rachel Carson hatte ihre Sprache gefunden.

Obwohl sie nach 1949 zur Chefredakteurin aller Publikationen der Fischereibehörde aufstieg, begann sie, Material für ein zweites Buch zu sammeln, das die Geschichte der Weltmeere von ihrer Entstehung bis zur Gegenwart beschreiben sollte. Darin wollte sie zeigen, dass die Erde durch und durch ein Planet der Meere war, und alles bisher darüber gesammelte Wissen allgemeinverständlich darstellen: von Ursprung und Wirkung der Strömungen und Gezeiten über die Geografie der Meeresgründe bis hin zu den bedrohten Reichtümern der See. 1950 war das Manuskript abgeschlossen. Nachdem der Vorabdruck des Kapitels »Die Geburt einer Insel« mit dem Westinghouse Science Prize ausgezeichnet worden war, entschloss sich der *New Yorker* für den Vorabdruck von neun der insgesamt vierzehn Kapitel. Damit hatte Rachel Carson den Durchbruch geschafft: *The Sea Around Us* stand sechsundachtzig Wochen lang auf der Bestsellerliste der *New York Times*. Seine Autorin wurde mit dem National Book Award und zwei Ehrendoktortiteln ausgezeichnet, Hollywood kaufte die Filmrechte. Nun wurde auch *Under the Sea Wind* wiederentdeckt und seinerseits zum späten Bestseller. Rachel Carson konnte sich ihren Traum erfüllen und sich ganz und gar dem Schreiben über die Welt der Meere widmen. Sie war die erste Frau in einer langen Reihe erfolgreicher amerikanischer Naturschriftsteller, die von ihren Büchern leben konnte.

»Und woher weißt du das alles?«, frage ich erstaunt. »Ich habe an der High School auf Long Island mal eine Arbeit über sie geschrieben«, antwortet Karen, als sei das erst gestern gewesen. »Danach wollte ich auch Meeresbiologin werden, aber bei mir kam es genau umgekehrt – ich habe mich am Ende für die deutsche Literatur entschieden.« »Und, bedauerst du das jetzt?« »Schon, aber dann hätten wir uns ja nicht kennengelernt.«

Endlich habe ich etwas, wofür ich der deutschen Literatur dankbar sein kann. Doch nun müssen wir weiter zu unserem nächsten Termin in der Woods Hole Oceanographic Institution.

Hier empfängt uns Volker Ulbrich, ein ehemaliger Patentanwalt aus Düsseldorf, der schon in den Fünfzigerjahren in die USA gekommen ist. Heute führt er als *volunteer* Besucher durch die Gebäude und Werftanlagen des Instituts, die zum Meeresforschungsprogramm gehören. Während wir zu den Docks hinübergehen, gibt er uns eine kurze Einführung in die Geschichte der WHOI, wie hier alle sagen. Wenn deutsche Gründlichkeit auf amerikanisches Entertainment trifft, hat man ein paar unterhaltsame Stunden vor sich. Unser Glück reicht so weit, dass wir eine Führung von Volker Ulbrich durch die Werkstätten bekommen, an deren Wänden Schautafeln und Fotografien die Geschichte der Institution erzählen.

Nachdem die Studien des Marine Biological Laboratory gezeigt hatten, wie wichtig die Erforschung von Flora und Fauna der Weltmeere für die Wirtschaft der Vereinigten Staaten war, erkannten die Politiker in Washington schrittweise auch die Bedeutung von Geophysik und Tiefseeforschung.

»Heute umfasst der Campus von Woods Hole über zweihundert Gebäude, in denen insgesamt 1500 Wissenschaftler und Techniker arbeiten«, erzählt Ulbrich, als er uns in eine der

Werfthallen führt. »Neben den beiden großen Flaggschiffen, der *Atlantis* und der *Knorr*, gibt es noch eine ganze Armada von bemannten und unbemannten Unterwasserfahrzeugen, die in allen Weltmeeren tauchen und Daten sammeln. Eines der ältesten und verdienstvollsten ist das U-Boot *Alvin*, das seit 1964 die Tiefsee erforscht und gut 4600 Tauchgänge hinter sich hat. Die *Alvin* ist gerade in der Werft, aber ich kann Ihnen ein anderes berühmtes Tauchboot zeigen.« Und damit deutet er auf eine grüne Tauchglocke, auf der in weißen Buchstaben *Deepsea Challenger* prangt. »Ja, das ist das Original«, nickt Volker Ulbrich. »Damit hat James Cameron 2012 den tiefsten Punkt der Erde im Marianengraben erreicht – elftausend Meter unter dem Meeresspiegel. Er hat uns das gute Stück gerade für unsere Dauerausstellung geschenkt.«

Wir dürfen einen Blick in die ausgebaute Tauchkapsel werfen und müssen uns eingestehen, dass unsere Platzangst größer ist als unsere Liebe zur Tiefsee. »Machen Sie sich nichts draus«, tröstet uns Ulbrich. »Gehen Sie rüber ins Museum, da läuft ein Film mit Originalaufnahmen unter anderem aus der *Alvin*. Die sind fast so gut wie ein Tauchgang.«

Damit verabschiedet er sich, und wir spazieren zum Woods Hole Historical Museum, wo es neben dem angepriesenen Unterwasserfilm auch Aufnahmen von der Entdeckung der *Titanic* durch das Team von Robert Ballard im August 1986 zu sehen gibt, dem größten Stolz der WHOI. Da zwischen den beiden Institutionen eine leidenschaftliche Konkurrenz herrscht, schicken die Wissenschaftler des Marine Lab ihrerseits zu Forschungszwecken Fische mit der NASA ins All. Was für die WHOI die *Titanic* ist, ist somit für das MBL die Entdeckung des Vitamins C, das dort nur »Vitamin Sea« heißt.

Im Museumsshop kauft mir Karen Rachel Carsons *The Sea Around Us*: »Damit du wenigstens ein paar maritime Wissenslücken füllen kannst.« »Richtig«, sage ich, »was ist nach all ihren Erfolgen aus Rachel Carson geworden?« Und während wir im Pie in the Sky einen Kaffee trinken, erzählt Karen mir ihre Geschichte zu Ende.

Während der Arbeit an ihrem dritten Meeresbuch über das Ökosystem der Atlantikküste las Rachel Carson unter anderem Studien über die Auswirkung von Schädlingsbekämpfungsmitteln auf Fisch- und Seevögelbestände. Schon seit 1945 war mit Genehmigung der Bundesbehörden großflächig DDT zur Bekämpfung von Mücken ausgebracht worden, nachdem die Chemikalie im Zweiten Weltkrieg vor allem im Pazifikraum gegen die Überträger von Malaria und Gelbfieber zum Einsatz gekommen war. Als *The Edge of the Sea* nach seinem Erscheinen 1955 ebenfalls zum Bestseller geworden war, recherchierte Carson zusammen mit befreundeten Wissenschaftlern bis 1962 intensiv zu diesem Thema weiter, wobei ihre Forschungen durch den »großen Cranberry-Skandal« von 1959 Auftrieb erhielten, bei dem in den traditionellen Thanksgiving-Beeren Rückstände des Pflanzenschutzmittels Amitrol nachgewiesen worden waren, das als krebserregend galt. Das Verkaufsverbot durch die US Food and Drug Administration traf besonders die Cranberry-Farmer auf Cape Cod, während die chemische Industrie es als »hysterische Reaktion auf unhaltbare Theorien« abtat.

1960 wurde bei Rachel Carson ein bösartiger Tumor diagnostiziert, doch sie begann ihr nächstes Buch trotz Operation und Chemotherapie zu schreiben. Da sie sich die Reaktion der Chemieindustrie bereits ausrechnen konnte, ließ sie jedes Kapitel von Fachwissenschaftlern gegenlesen. Als Thema und

Schlussfolgerungen von Carsons Buch durchsickerten, investierten die Chemiegiganten DuPont, Dow Chemical und Monsanto über ihre Lobby-Organisationen eine Viertelmillion Dollar in eine Pressekampagne, innerhalb deren Rachel Carson als kommunistische Sympathisantin denunziert wurde, deren Auftrag aus Moskau angeblich darin bestand, die Lebensmittelversorgung der USA zu gefährden. Doch alle Intrigen der Konzerne liefen ins Leere; die Vorveröffentlichung von *Silent Spring* 1962 im *New Yorker* zerfetzte das sorgfältig gewebte Netzwerk aus Industrie und Politik. »Aus dem ›Stillen Frühling‹ wird ein lauter Sommer«, schrieb die *New York Times*, und selbst Präsident Kennedy musste bei einer Pressekonferenz auf Fragen nach »dem Buch von Miss Carson« reagieren. Journalisten verglichen dessen Wirkung gar mit Harriet Beecher Stowes *Onkel Toms Hütte*. Wie üblich versicherte die Politik schließlich der Öffentlichkeit, dass sie schon immer für ein Verbot von DDT gewesen sei.

Auch in Europa wurde *Silent Spring* ein Bestseller und entfachte Debatten in Frankreich, Deutschland, Italien und Schweden. 1963 beschloss der amerikanische Kongress den »Clean Air Act«, dem später der »Clear Water Act« und der »Endangered Species Act« folgen sollten. Gleichermaßen verehrt und verhasst, starb Rachel Carson am 14. April 1964 in Silver Spring, Maryland. Sie gilt bis heute als eine der Mitbegründerinnen der amerikanischen Umweltbewegung, und ihre Bücher werden noch immer diskutiert. In Maine, wo sie sich ein kleines Cottage am Meer gekauft hatte, gibt es heute ein Naturschutzgebiet, das Carsons Namen trägt. Wer ihre Bücher gelesen hat, wird das Meer sein Leben lang mit anderen Augen sehen. Wie nur wenige hat sie es verstanden, mit wissenschaftlicher Präzision und poetischer Klarheit zugleich über die Vergangenheit und die Zukunft der Ozeane zu schreiben.

Als wir auf dem Nachhauseweg noch einmal am Nobska Light haltmachen und auf der Bank über dem Atlantik sitzen, liest Karen mir aus *The Sea Around Us* vor: »Der Mensch wird die Meere nicht beherrschen und verändern, so wie er das Land unterworfen und ausgeplündert hat. In der künstlichen Welt seiner Städte vergisst er die wahre Natur seines Planeten und die Dimensionen seiner Geschichte, in der die Existenz seiner Art nur ein Augenblick ist.«

Martha's Vineyard

»What's Martin think he is going to do about that shark?«,
said Minnie.
»I guess they'll try to catch it.«
»Canst thou draw out leviathan with a hook?«
»I beg your pardon?«
»Book of Job«, said Minnie. »No mortal man's going to catch
that fish.«
Peter Benchley, *Jaws* (1974)

Von Woods Hole und Falmouth aus verkehren die Fähren
der Steamship Authority und die *Island Queen* nach Martha's
Vineyard, der anderen Insel neben Nantucket südlich von Cape
Cod. Die Überfahrt bis nach Oak Bluffs oder Edgartown dauert
eine Dreiviertelstunde und ist bei gutem Wetter samt glitzern-
dem Vineyard Sound selbst schon ein Erlebnis. Bei Seegang ist
man allerdings froh, wenn die Leuchtfeuer von East und West
Chop vor Vineyard Haven auftauchen.

Trotz aller Schwärmerei unserer Freunde über die unberührten Strände und die weite Dünenlandschaft hat es mich lange
Zeit nie auf die Insel gezogen. Zu viele *celebrity news*: wo und
mit wem der Präsident Golf gespielt hat, wo die First Lady

beim Shoppen gesichtet wurde, welches It-Girl mit welchem That-Boy baden gegangen ist – thanks, but no thanks.

Nun fahren die Fähren aber fast vor unserer Haustür in Falmouth ab. Karen hat ein Busunternehmen ausfindig gemacht, das uns einen Tag lang über die ganze Insel kutschieren würde, und außerdem …

»Und außerdem halten die an vielen Orten, an denen *Der Weiße Hai* gedreht worden ist.«

»Auf Martha's Vineyard?«

»Das wusstest du nicht, wie? Und nach Aquinnah fahren sie uns auch!«

»Aquinnah?«

»Früher hieß der Ort Gay Head, hat jetzt aber seinen indianischen Namen zurückerhalten. Ein heiliger Ort der Wampanoag. Und in Edgartown steht das Haus von Melvilles Walfangkapitän.«

»Vom Kapitän der *Acushnet*?«

»Genau. Kommst du nun mit, oder willst du hier hocken bleiben?«

Karen weiß genau, womit sie mich aus meiner Sommer-Leseecke locken kann. Ich habe gerade erst Peter Benchleys Roman über den Weißen Hai angefangen, weil ich bisher nur den Film kannte. Aber schließlich kann ich auch auf der Fähre oder im Bus lesen. Das Haus von Kapitän Pease und die Klippen von Aquinnah sind verlockend genug, um für einen Tag zum Touristen zu werden. In Kim Grants ausgezeichnetem Reiseführer findet sich zudem eine Empfehlung für den Besuch der Old Whaling Church, der alten Walfängerkirche von Edgartown, und ein Hinweis auf den Moshup Trail, auf dem man in den Fußstapfen des Giganten wandern kann. Wie wir das alles an einem Tag schaffen wollen, ist mir zwar ein Rätsel, aber auch das kann ich nur auf Martha's Vineyard selbst lösen.

Auf der Fähre unterhalte ich Karen zum Dank mit der Geschichte von Moshups Verschwinden, die ich in Elizabeth Reynards Legendensammlung gefunden habe:

Als Moshups Kampf mit dem Großen Adler vorüber war und das Tier tot zu seinen Füßen lag, setzte sich der Riese müde an den Strand. Da es auf der ganzen Insel keinen Tabak gab, füllte er seine Pfeife mit Salzgras und blies eine weiße Wolke über die See. Da begann das Meer zu kochen und zu toben, die Wellen fauchten und zeigten ihre blitzenden Zähne. Plötzlich tauchte Squant, die Meerfrau, aus dem tosenden Wasser auf und sang ihr wildes Lied. Als sie den toten Adler erblickte, riss sie sich vor Trauer und Wut ihre Seegrashaare aus, die in dichten Büscheln an den Strand trieben. Dann verschwand sie wieder im Meer. Moshup blieb indes ruhig sitzen und rauchte seine Pfeife. Doch mit der Flut kam die Meerfrau zurück. Moshup watete in die Brandung und versuchte, sie an ihrem Gürtel aus Muscheln und Perlen festzuhalten, aber er glitt ihm durch die Finger wie Wasser. Squant lachte und sang und bedeutete dem Giganten, ihr in die Höhle unter den Klippen von Aquinnah zu folgen. Moshup wusste, dass er dort für immer ihr Gefangener sein würde, also versuchte er, die Gedanken an sie zu verdrängen und stattdessen eine Brücke von Aquinnah nach Cuttyhunk zu bauen. Doch die betörende Meerfrau tauchte immer wieder aus den Wogen auf, schöner als jede Squaw, der Moshup je auf dem Schmalen Land begegnet war. Eines Morgens sang sie so herzzerreißend und lächelte dabei so verführerisch, dass Moshup schließlich ins Meer lief und ihr folgte. Squant schlang ihre Perlenkette um ihn und zog ihn hinab in ihre Höhle, wo er bis heute in ihrem Schoß

liegt und schläft. Manchmal versucht sie, den Giganten aufzu-
wecken; dann lässt sie Stürme und Wasserwirbel aufsteigen, die
die Schiffe und Kanus zu ihr hinabziehen. Aber kein Sturm und
kein Unwetter vermochten Moshup je wieder zu wecken.

Wir kommen bei strahlendem Sonnenschein in Oak Bluffs an,
und die Busse von MV Sightseeing warten schon an der Pier.

»Ein alter Schoolbus, wie auf Long Island!«, freut sich Karen. Sie besetzt die beiden Plätze neben dem Fahrer, der uns
in Shorts und mit einem eleganten Spazierstock begrüßt. »I
am Ted, the Sailor. Hi-Diddle-Dee-Dee, it's a sailor's life with
me. Where are you guys from?« »Long Island«, sagt Karen stolz
und ich, noch stolzer: »Rügen.« »Ruegen?«, fragt Ted. »Where's
that?«

Während ich es ihm erkläre, steigen die anderen Fahrgäste
ein. Dann sehe ich die Narben an seinem rechten Bein, deren
Muster mir bekannt vorkommt. »Yep«, nickt Ted. »Sharky's kiss.
Greetings from the Caribbean.«

Ted stammt aus Vermont und hat seine ersten Segelerfahrun-
gen auf dem Lake Champlain gemacht. Nach der High School
fuhr er einige Jahre auf Handelsschiffen um die Welt, »aber
die Heuer war lausig, und die Fahrten wurden immer länger.
Das hatte nichts mehr mit Schifffahrt zu tun, das war nur noch
Containerverschieben. Anschließend habe ich zehn Jahre mit
einem Freund eine Bar in Burlington betrieben, wo die reichen
Kids Daddys Geld versoffen und sich mit der Polizei prügelten.
Irgendwann hatte ich genug Geld beisammen, um mir einen
Traum zu erfüllen: ab in die Karibik und mit dem eigenen Boot
von Insel zu Insel segeln. Zu Beginn der Hurrikan-Saison bin
ich jedes Jahr die Küste nach Florida hoch und habe als Hafen-

arbeiter das Geld für Liegegebühren und Essen verdient. Aber jetzt hat ein alter Freund dieses Busunternehmen aufgemacht, und ich kutschiere Touristen über die Insel.« Wird das nicht auf Dauer öde? Ted grinst. »Ich kann die Karibik von hier aus immerhin sehen. Und solange ich die sehe, weiß ich, wofür ich das hier mache. Außerdem gibt's schlimmere Orte als Martha's Vineyard. Wart ihr mal in Detroit?« Ja, schon. Und die Narben? »Eigene Blödheit. Ich wusste, dass es in der Gegend Haie gab, aber es war jahrelang nichts passiert. Aber es passiert eben immer dann, wenn man sich zu sicher fühlt. Eine Runde ums Boot geschwommen, am helllichten Tag, und plötzlich packt mich was am Bein. Gott sei Dank war ein Angler mit seinem Speedboot in der Nähe, der hat die Wunde abgebunden und mich dann in die Notaufnahme gebracht. Worst things happen at sea. – All aboard? Dann kann's ja losgehen.«

Und damit startet Ted den alten Schulbus und fährt uns durch Oak Bluffs, vorbei am Ocean Park in Richtung Tisbury. Als Erstes zeigt er uns das Haus mit den blauen Fensterläden, in dem Roy Scheider als Police Chief Martin Brody den Anruf bekommt, mit dem der Horror des *Weißen Hais* beginnt. Ted weiß alles über den Film: von dem Umstand, dass der mechanische Hai ständig versagte und Steven Spielberg deshalb entschied, sein tatsächliches Erscheinen ans Filmende zu verlegen und seine Anwesenheit vorher nur durch die Musik von John Williams und eine gelegentliche Finne anzukündigen, bis hin zu dem sagenhaften Einspielergebnis von 470 Millionen Dollar, das *Jaws* für lange Jahre zum gewinnträchtigsten Film Hollywoods machte. »Nach dem Filmstart nahm das Haiabschlachten weltweit zu«, erinnert sich Ted. »Das schlechte Hai-Image des Films lieferte der Branche geradezu einen Vorwand, um noch mehr

Flossen an die chinesischen Restaurants verkaufen zu können. Wenn damals jemand am Strand ›Shark!‹ rief, dann rannte alles weg. Wenn's heute einer tut, dann kommen die Leute in Scharen, um Fotos zu machen.«

Die Fahrt geht vorbei am ehemaligen Christiantown, wo Thomas Mayhew die erste christliche Kapelle der Insel errichtete. Er hatte Martha's Vineyard und Nantucket 1641 von Lord Sterling und Ferdinando Gorges gekauft und schickte 1643 seinen Sohn Thomas Jr. vor, um die wild auf den Inseln kampierenden Siedler über die neuen Besitzverhältnisse aufzuklären. Der alte Mayhew folgt erst drei Jahre später, und beide begannen, die Indianer zu missionieren, sodass es schon bald die ersten reinen Eingeborenengemeinden mit indianischen Predigern gab. Die Mayhews holten Peter Folger auf die Insel, der die Sprache der Wampanoag gelernt hatte und eine Schule mit drei indianischen Lehrern gründete. Das Geld dafür lieferten englische Kirchengemeinden, welche die Seelen der kleinen Heidenkinder retten wollten. Doch weniger als ein Fünftel der Indianer konvertierten tatsächlich, und am stärksten erwies sich der Widerstand auf der südlichen Landspitze von Aquinnah, dem heiligen Kliff der Wampanoag, von dem auch Melvilles indianischer Harpunier Tashtego stammt.

Das Hochufer von Aquinnah, dem »Land unter dem Berg«, besteht aus Sand und Lehm, die die Gletscher der Eiszeit vor hundert Millionen Jahren hierhergeschoben haben. Es bietet eine grandiose Aussicht über den Vineyard Sound bis hinüber zu den Elizabeth Islands. Eine Tafel erinnert daran, dass die Wampanoag hier seit fünftausend Jahren gesiedelt haben; nur ihnen ist es erlaubt, für ihre Töpferwaren Lehm von den Klippen zu holen. Von den dreihundert Mitgliedern des Inselstammes leben heute mehr als die Hälfte auf Aquinnah. Auf ihrem Stammessiegel ist Moshup zu sehen, wie er einen Grindwal aus dem Meer gezogen hat und in die Höhe hält. Hinter ihm ragt das zerklüftete Ufer auf, das mit Kartoffelrosen und wilden Möhren überwachsen ist.

»Erinnert mich an Hiddensee«, sagt Karen und zeigt auf den Leuchtturm. »Fast wie auf dem Dornbusch.« Das Aquinnah Lighthouse wurde 1844 aus roten Ziegeln erbaut und ersetzte seinen hölzernen Vorgänger, der ab 1799 sein Licht über den Sund schickte.

Während Karen einen Spaziergang an den Strand macht, gehe ich in einen der Läden, in denen indianisches Kunsthandwerk angeboten wird. Ich finde als Souvenir einen meergrünen Wal-Stein, der angeblich für Ausdauer und Geduld sorgt. Die alte Indianerin hinter dem Ladentisch durchschaut mich sofort: »For your wife, eh?«, fragt sie lächelnd. Und weil ich nicke, schenkt sie mir einen weißen Mondstein mit einem eingravierten schwarzen Wal dazu. Ich bedanke mich und verspreche, den Stein immer bei mir zu tragen. »Good luck, and may the spirit of the whale always be with you«, wünscht sie mir zum Abschied. Allein für diesen Segen hat sich die Fahrt nach Martha's Vineyard gelohnt.

Doch es geht noch weiter, Ted fährt am Preservation Forest vorbei in Richtung Edgartown. Wer auf der Insel eine Immobilie kauft oder verkauft, muss zwei Prozent Transaktionssteuer zahlen, für amerikanische Verhältnisse eine Ungeheuerlichkeit. Mit diesem Geld erwirbt jedoch die 1886 gegründete Land Bank unbebautes Land, das den bereits bestehenden Naturschutzgebieten zugeschlagen wird. »Das sollten sie auch auf Cape Cod einführen«, sagt Karen, während wir die weitläufigen Waldgebiete passieren, die wieder aufgeforstet worden sind. »Ja, so halten sich die Superreichen die Neureichen vom Leib«, stimme ich zu. »Fast wie auf Hiddensee.«

Inzwischen erzählt Ted von seinem Seglerhelden Kapitän Joshua Slocum, an dessen ehemaliger Farm wir gerade vorbeikommen. Ihm gelang auf seiner Slup *Spray* die erste Einhand-Umseglung der Welt, zu der er sich im April 1895 mit einundfünfzig Jahren von Boston aus aufmachte. Einer der Höhepunkte seiner Reise war ein Besuch von Stevensons Villa Vailima auf Samoa, wo ihm dessen Witwe ein Segelhandbuch für den Indischen Ozean aus Stevensons Bibliothek schenkte. Im Hafen der Hauptstadt Apia besuchten ihn siebenundneunzig junge Mädchen aus dem Papauta College samt ihrer Lehrerin Fräulein Schultze und sangen für den Weltumsegler *Die Wacht am Rhein*, von der er noch nie zuvor gehört hatte. Kurz vor seiner Rückankunft geriet Slocum vor Long Island in einen Tornado, der sich als schlimmster Sturm der ganzen Reise herausstellen sollte. Doch am 27. Juni 1898, 46 000 Seemeilen und gut drei Jahre später, konnte er im Hafen von Newport auf Rhode Island festmachen. Nach seiner Rückkehr kaufte er diese Farm auf Martha's Vineyard und schrieb seinen Reisebericht *Allein um die Welt*, der ihn berühmt machte. Schon bald packte ihn erneut die Sehnsucht nach dem Meer; 1906 begab Slocum sich auf eine Reise nach Südamerika, von der er nie zurückkehren sollte.

Ted erzählt so spannend, dass ich beinahe vergesse, ihn zu bitten, uns in Edgartown aussteigen zu lassen, weil wir die Stadt auf eigene Faust erkundigen wollen. »Good idea«, nickt er und gibt uns zum Abschied die Hand. »And if you're headin' for the water, watch out for the jaws!«

Doch in Edgartown gibt es nur wenig Hinweise auf den Großen Weißen. Stattdessen ist die Stadt voller blendend weißer Kapitänshäuser und Kirchen, von denen die Old Whaling Church die prächtigste ist. Sie soll um 1843 von Schiffszimmerleuten wie ein Walfänger gebaut worden sein, um den Nor'eastern besser standzuhalten. Heute dient sie als »Performing Arts Center«, in dem Theateraufführungen, Konzerte und Lesungen stattfinden – und wir stellen fest, dass wir Nathaniel Philbrick verpassen, der am nächsten Abend ausgerechnet aus seinem Buch *Why Read Moby-Dick?* lesen wird.

Hinter der Kirche steht die Villa von Dr. Daniel Fisher, einstmals reichster Mann der Insel, der sein Geld als Arzt, Bankier und Walölhändler verdiente. Dr. Fisher machte aus seinem Vermögen kein Geheimnis und war der Erste, der ein Haus im Stil des Greek Revival mit schneeweißer Säulenfront und einem Witwensteig samt Aussichtskuppel bauen ließ. Die Bewohner haben diesen für Neuengland typischen Dachbalkon aus verständlichen Gründen selbst nie so genannt – auf einem solchen *widow's walk* hielten die Frauen der Kapitäne angeblich nach ihren Männern Ausschau, lange nachdem diese mit ihren Schiffen untergegangen waren. In Wirklichkeit jedoch verbreiteten sich die Nachrichten von Schiffsuntergängen dank der vielen amerikanischen Walfänger auf allen Weltmeeren schon damals erstaunlich schnell.

Kapitän Valentine Pease verzichtete auf derlei architektonische Extravaganzen und ließ sein Haus im alten Federal Style bauen. Es dauert eine Weile, bis wir es in der South Water Street gefunden haben, aber der weiße Wal über dem Eingang lässt keinen Zweifel zu. Unser Reiseführer behauptet, dass der Kapitän der *Acushnet* ein jähzorniger Tyrann gewesen und als Vorbild für Melvilles Kapitän Ahab gedient haben soll. Der Autor hat auch im autobiografischen *Typee* nicht viel Freundliches über den Kapitän zu sagen und zieht die Flucht zu den Kannibalen von Nuku Hiva der Weiterfahrt unter seinem Kommando vor.

»Ob sein Geist noch hier umgeht?«, fragt Karen, die immer an den Bewohnern des Jenseits interessiert ist. »Willst du nicht mal klopfen?« Bis auf den weißen Wal gibt es jedoch weder eine Tafel noch sonst einen Hinweis auf den früheren Besitzer. Die Tür steht offen, und durch das Fliegengitter kann ich Bilder von Kapitän Pease und seinem berühmten Decksmann sehen. Also ist es vielleicht doch ein Museum? Ich stoße die Gittertür auf und rufe. Keine Antwort. Auf einer Kommode liegen Stapel alter Briefe und Zeitungen. Ich klopfe gegen das Geländer, das in den ersten Stock hinaufführt. Plötzlich ertönt ein leises Knurren, das langsam, aber bedrohlich anschwillt.

Vorsichtig schließe ich die Tür und ziehe mich zurück. Karen wartet im Vorgarten. »Was war denn das?«, fragt sie gespannt. »Kapitän Ahabs Geist«, sage ich. »Er hatte schlechte Laune.« Wir gehen auf die andere Straßenseite, und sicherheitshalber fotografiere ich das Haus nur von dort.

Beim Lunch im Seafood Shanty am Dock blicken wir von der Veranda über den Hafen nach Chappaquiddick Island hinüber. »Da drüben haust dein anderer Geist«, sage ich, nachdem wir unsere Bestellung aufgegeben haben. »Arme Mary Jo«, nickt Karen. »Schade, dass wir keine Zeit mehr haben. Aber beim nächsten Mal machen wir einen Spaziergang über die Brücke und bis nach Cape Poge, versprochen?« »Nur, wenn du dann noch mal das Medium machst«, antworte ich. Und dann stoßen wir mit unseren Cape Coddern zum Trinkspruch des alten Haijägers Quint an: »Here's to swimmin' with fish-tailed women!«

Auf der Rückfahrt passiert unser Bus die Brücke, die Edgartown mit Oak Bluffs verbindet. Hier hat Steven Spielberg die Szene gedreht, in der der Weiße Hai aus dem Atlantik in den Sengekontacket Pond schwimmt, wo Chief Brodys Sohn sich mit seinen Freunden auf einem kleinen Segelboot in trügerischer Sicherheit wiegt. Ein Mädchen sieht rechtzeitig die schwarze Finne unter den Brückenpfeilern hindurchgleiten und ruft »Shark!«, sodass die Kinder im letzten Augenblick gerettet werden. Als wir über die Brücke fahren, wenden alle im Bus den Kopf und beobachten aufmerksam das Wasser.

In Oak Bluffs haben wir bis zur Abfahrt der Fähre noch Zeit, und Karen beschließt, einen Spaziergang zu den *gingerbread cottages* und dem »Tabernacle« zu machen, die aus dem ehemaligen Sommercamp der Methodisten von 1835 entstanden sind. Ich setze mich mit *Jaws* auf eine Bank im Trinity Park und lese den Schluss des Thrillers, in dem sowohl der Ozeanologe Matt Hooper aus Woods Hole als auch der Haijäger Quint sterben müssen, während Chief Brody den Kiefern entkommt und nach Hause paddelt. Das Buch, stelle ich fest, ist wesentlich spannender als der Film, nicht nur für Besucher von Martha's Vineyard. Erstens gibt es Weiße Haie an der ganzen Küste, und zweitens lernt man bei Peter Benchley mehr über die Abgründe der Lokalpolitik Neuenglands als im *Boston Globe* oder in der *Cape Cod Times*.

Als Karen zurückkommt, müssen wir uns beeilen, um nicht die letzte Fähre zu verpassen. Während wir aus dem Hafen herausfahren, höre ich von fern den blechernen Klang einer Boje, die an die Totenglocke in der nächtlichen Dünung vor Amity Island erinnert. Ich schenke Karen den grünen Wal-Stein aus Aquinnah und denke an Queequegs Worte: »Queequeg

egal, welcher Gott Hai gemacht hat, Fidschi-Gott oder Nan-
tucket-Gott. Aber Gott, was Hai gemacht hat, war selber ver-
dammter Haide.«

Sandwich

It has been said that Cape Codders by birth rather than adoption have salt in their hair, sand between their toes and herring blood in their veins. Of these, they never wholly rid themselves, nor do they want to.

Thornton W. Burgess, *Now I Remember* (1960)

S andwich ist die älteste Stadt auf Cape Cod. Ihr Siegel trägt das Motto »Post tot Naufracia Portus« – »Nach so vielen Schiffbrüchen ein Hafen«. Nach einem solchen muss sich auch Edmund Freeman gesehnt haben, als er im April 1637 zusammen mit seiner Frau Elizabeth und neun weiteren Familien die Siedlung Saugus auf dem Festland verließ, um auf dem Kap eine eigene Gemeinde zu gründen. Freeman war 1635 mit der *Abigail* aus der Grafschaft Kent in die Neue Welt gekommen, voller Hoffnung auf religiöse Toleranz. Doch das strenge Regiment der Pilger in der Plymouth Colony erschien ihm nicht weniger dogmatisch als das der anglikanischen Kirche in seiner Heimat. Vielleicht lebte in Saugus damals noch einer der alten Passagiere der *Mayflower*, der Freeman von der Weite und Freiheit des Kaps erzählte. Vielleicht hatte er auch von den fischreichen Gewässern und den friedfertigen Indianern gehört, die ihr Land angeblich bereitwillig mit Neuankömmlingen teilten. Jedenfalls machte er sich auf dem alten Pfad von Lynn über Plymouth nach Cape Cod auf. Es war kein gefahrloser Weg, denn mochten die Wampanoag auch friedlich sein, so hausten in den Wäldern noch Bären und Kojoten, und die Lebensmittel waren knapp. Der einzige Handelsposten, an dem die Reisenden auf Nahrungsmittel hoffen durften, war in Manomet, dem späteren Aptucxet. Sie verhandelten mit den Indianern um Land, auf dem sie sich niederlassen konnten, errichteten ihre ersten Blockhütten, rodeten großeˊ Flächen und bauten Bohnen und Mais an. Kaum hatte der Ort den ersten Winter überstanden, gab es Streit um Landbesitz und Strandrecht. Edmund Freeman musste sich als Friedensrichter betätigen. Er handelte dabei so umsichtig, dass er bald von William Bradford zum Assistant Governor für Cape Cod berufen wurde. Als die beiden Freemans hochbetagt starben, wurden sie gemeinsam unter zwei Findlingen, genannt »The Saddler and the Pillion«, unweit der heutigen Tupper Road begraben. Ihr Pioniergeist und ihr Unwille gegen jede Form von staatlichem oder kirchlichem Zwang lebt bis heute in den Cape Coddern fort. Uns wundert manchmal, dass sie niemals eine »Republic of the Narrow Land« ausgerufen haben, so wie die Insulaner von Key West ihre »Conch Republic«.

Die beste Beschreibung eines typischen Cape Codders findet sich bei Herman Melville in dem Porträt von Mister Stubb, dem Zweiten Steuermann der *Pequod*: »Er nahm Gefahren, wie sie kamen, gleichmütig und gefasst, und stand selbst in den bedrohlichsten Augenblicken der Jagd gelassen hinter den Ruderbänken, so wie ein Tischlergeselle vor seiner Hobelbank. In seinem Walboot kommandierte er so gleichmütig, als wäre die tödlichste Begegnung nichts weiter als ein gutes Mittagessen ...«

Auch die Frauen des Kaps waren von derselben furchtlosen, ge-
fassten Art. Josef Berger erzählt im *Cape Cod Pilot* die Geschichte von Hannah Burgess, die mit dem Klipper-Kapitän William
Burgess aus Sandwich verheiratet war und ihn auf seinen Rei-
sen begleitete. Das war nichts Ungewöhnliches – selbst manche Walfangkapitäne nahmen ihre Frauen auf die jahrelangen
Fahrten mit. Aber als Kapitän Burgess vor Peru so schwer er-
krankte, dass er sein Schiff nicht mehr führen konnte, und sich
der Steuermann als überfordert herausstellte, übernahm Hannah kurzerhand das Kommando. Sie hatte sich von ihrem Mann
die Navigationstabellen und die Arbeit mit Karte und Kompass
erklären lassen und ihm bei seinen täglichen Positionsbestim-
mungen genau über die Schulter gesehen. So gelang es ihr, die
Challenger sicher bis nach Valparaiso zu bringen, wo sie einen
Arzt zu finden hoffte. Doch William Burgess starb noch vor der
Ankunft, und so steuerte Hannah den Klipper allein nach Cape
Cod zurück. Heute finden sich Kapbewohnerinnen natürlich
längst nicht nur auf den Kommandobrücken von Schiffen, sondern auch auf denen der Gemeindevertretung, Krankenhäu-
ser, Geschäftsbüros und Polizeistationen.

Die Einwohner von Sandwich und viele Besucher halten den
Ort für einen der schönsten auf dem Kap. Tatsächlich sieht
das Village Center mit seiner Town Hall, den weißen Kirchen
und den Kapitänshäusern rund um den Shawme Duck Pond
so malerisch aus wie auf einer Neuengland-Idylle aus dem
19. Jahrhundert. Mit dem Hoxie House findet man hier eine
der ältesten *saltboxes*, die Lodowick Hoxie um 1640 gebaut hat,
mit den üblichen grauen Holzschindeln, dem niedrigen Dach
und den weiß gerahmten Fenstern, einer Architektur für alle
Witterungen und Jahreszeiten, schmucklos und schlicht. Und

doch strahlt sie die Würde eines Hauses aus, das Generationen beherbergt und Jahrhundertstürme überstanden hat.

Ein paar Schritte weiter kann man an der Water Street das Haus von Thornton W. Burgess besichtigen, der mit seinen Geschichten über den Hasen Peter Cottontail, über Großvater Frog und Mister Jimmy Skunk nicht nur in der englischsprachigen Welt bekannt geworden ist. Der engagierte Naturschützer verfasste über einhundertsiebzig Kinderbücher, die Harrison Cady meisterhaft illustriert hat. Seine Abenteuer spielen in den Wäldern und Marschlandschaften um Sandwich und waren in den Zwanzigerjahren auch in Deutschland, Frankreich, Italien und Spanien sehr populär. Nebenbei schrieb er zwischen 1920 und 1960 die Kolumnen der *Bedtime Stories*, die vom Rundfunk übernommen und in ganz Nordamerika als Gutenachtgeschichten gehört wurden. Als Burgess 1965 mit sechsundachtzig Jahren starb, hatte er gerade seine fünfzehntausendste Geschichte vollendet.

Zum ersten Mal sind wir 1993 nach Sandwich gekommen, um das berühmte Glasmuseum zu besichtigen, dessen Exponate die Herzen der Sammler aus aller Welt höherschlagen lassen. 1825 gründete Deming Jarves aus Boston hier eine Glasfabrik, die ursprünglich für die Massenware Pressglas gedacht war. Jarves hatte entdeckt, dass es in und um Sandwich noch genügend preiswertes Land, ausreichend Holz und günstige Verkehrsverbindungen nach New York gab. Er kaufte Grundstücke, um die Fabrik und Arbeiterunterkünfte zu errichten, ließ einen Hafen und eine Eisenbahnverbindung anlegen und lockte erfahrene Glasbläser aus Pittsburgh mit guten Löhnen und gesunder Seeluft. Die Boston and Sandwich Glass Company erwies sich bald als profitabel und ihre Produkte als robust und gefragt. Um 1850 waren schon über fünfhundert Arbeiter beschäftigt, die jährlich Waren im Wert von über sechshunderttausend Dollar produzierten. Unter den Glasbläsern gab es auch Künstler, die in ihrer Freizeit Einzelstücke anzufertigen begannen: die begehrten Kerzenhalter auf gläsernen Delfinen, filigrane Vasen und Schalen sowie kunstvolle Lampenschirme. Es sind diese Stücke, die das Glas aus Sandwich berühmt gemacht haben, so auch das Netzglas, das hier 1853 erfunden wurde und das Frank Chipman in den Erinnerungen an seine Eltern, die beide für die Company arbeiteten, folgendermaßen beschreibt: »Seine Muster waren von besonderer Feinheit und gaben dem Glas eine Art Spitzenbesatz, der so zart wie Eisblumen war. Dieses Netzglas gehörte zu den Aristokraten im Königreich des Glases.«

Dass auch die Massenware von ausgezeichneter Qualität war, erfuhr ich noch im gleichen Sommer bei unserem ersten Spaziergang auf Long Point. Im Spülsaum entdeckte ich eine alte Flasche der Boston and Sandwich Company: abgeschliffen von Meer und Gezeiten, aber ansonsten unversehrt und gefüllt mit etwas Sand aus den Tiefen des Atlantiks. Die Company selbst überdauerte leider nur bis 1888, weil die Konkurrenz in Pittsburgh begann, ihre Öfen mit billiger Kohle zu befeuern, und moderne Maschinen einsetzte, um die Produktion zu steigern. Angeblich zwang ein landesweiter Streik für höhere Löhne Jarves' Nachfolger Henry Francis Spurr, die Fabrik für immer zu schließen. Doch noch heute kommen Glaskunstliebhaber aus aller Welt, um im Museum die berühmten Vasen und Schalen zu bewundern, die mit gläsernen Chrysanthemen, Efeuranken und Pfauenfedern geschmückt sind und goldrubin, kobaltblau und smaragdgrün funkeln.

Etwas weiter südlich an der Main Street findet sich die First Church of Christ, deren Architekt sich offenbar vom berühmten Londoner Kirchenbaumeister Christopher Wren hat inspirieren lassen. In ihrem Turm hängt, so behaupten die stolzen Stadtväter, die älteste Glocke der Vereinigten Staaten, gegossen ausgerechnet in München im Jahr 1675. Gestiftet hat sie die Witwe des Kapitäns Peter Adolph aus New York, der im Winter 1702 auf dem Weg nach Boston in der Cape Cod Bay Schiffbruch erlitt und mit der gesamten Besatzung ertrank. Die Bewohner von Sandwich schenkten allen betroffenen Seeleuten eine letzte Ruhestätte auf dem alten Kirchhof hinter der Town Hall. Zum Dank schickte Miss Adolph die alte Glocke, welche die trotzige Inschrift trägt: »Wenn Gott mit uns ist, wer kann dann gegen uns sein?« Die Winterstürme vor Cape Cod waren jedoch scheinbar des Teufels, weswegen die alten Seeleute auch gern den Ausdruck *a devil of a gale* verwendeten.

Etwas außerhalb von Sandwich Village an der Spring Hill Road liegt das Friends Meeting House, das Versammlungshaus der ältesten Quäkergemeinde Nordamerikas. Die »Gesellschaft der Freunde« gründete hier schon 1657 ihre erste Begegnungsstätte, das jetzige Gebäude stammt allerdings von 1810 und ist das dritte, das an dieser Stelle errichtet wurde. Die Quäker, die jede Art von geistlicher Führung durch Autoritäten wie Pastoren oder Bischöfe ablehnen, wurden in Neuengland von den Puritanern erbarmungslos verfolgt. Da sie sich weigerten, Eide zu schwören und die traditionellen Gottesdienste zu besuchen, konnte man sie leicht identifizieren, auch nachdem ihnen die Flucht in die vermeintlich bessere Welt gelungen war. Man konfiszierte ihren Besitz, brandmarkte sie, und in besonders »hartnäckigen Fällen« verhängten die Gerichte sogar Todesstrafen.

Nach Sandwich hatten die geistlichen Herren aus Plymouth einen besonders perfiden Gesinnungsschnüffler geschickt, einen gewissen George Barlow. Dieser scheute auch nicht davor zurück, die Quäker-Familien, deren Väter bereits im Gefängnis oder am Galgen geendet waren, heimzusuchen und ihnen noch das Letzte zu nehmen. So kam er eines Abends auch zu Priscilla Allen, die ihren Kindern gerade eine schlichte Mehlschwitze in einem Kupferkessel anrührte, riss den Kessel vom Feuer und höhnte: »Na, Priscilla, worin willst du dir und deinen Bälgern nun was zu essen kochen?« Und Priscilla Allen antwortete: »Gott der Herr, der selbst die Raben erhört, wenn sie zu ihm schreien, wird für unser Essen sorgen. Ich glaube an diesen Gott, und ich glaube, dass deine Not eines Tages größer sein wird als die unsere.« Und so kam es tatsächlich: Barlow endete im Suff, als krakeelender Bettler vor den Kirchen von Sandwich. Die Quäker, die nach dem »Toleration Act« König Charles' II. von 1663 nicht mehr verfolgt werden durften, gaben ihm reichlich und trösteten ihn mit jener anderen Welt, in der es weder Schnaps noch Dogmen gab.

»Warum heißen sie eigentlich Quäker?«, frage ich Karen, als wir aus dem stillen Versammlungshaus kommen.

»Weil sie glaubten, dass man vor Gottes Wort zittern soll, aber nicht vor dem der Menschen. Das haben ihre Feinde dann gegen sie gekehrt – als Verhöhnepöppelung.«

»Und warum ist dein Großvater Quäker geworden?«

»Als er nach dem Ersten Weltkrieg in Frankreich in Kriegsgefangenschaft war, hörte er, wie sich zwei Offiziere voller Begeisterung über den nächsten Krieg unterhielten. Da wusste er, dass er das Irrenhaus Europa so schnell wie möglich hinter sich lassen musste. In Brooklyn traf er dann meine elsässische Großmutter, die Krankenschwester gewesen war und ebenfalls genug vom Leben gesehen hatte.«

»Und dann sind sie in Amerika Quäker geworden?«

»Ja. Als Kind auf Long Island bin ich oft zu den Meetings mitgegangen. Das war sehr schön, so still dazusitzen, bis jemand aufstand und einen Bibelvers zitierte oder eine Geschichte erzählte. Gab's in der DDR keine Quäker?«

»Nicht dass ich wüsste. Die einzigen Quäker, die mir da jemals begegnet sind, waren Kapitän Bildad und Kapitän Peleg.«

»Auf deinem Fischkutter?«

»Auf der *Pequod* in *Moby-Dick* natürlich! Die beiden Anteilseigner, bei denen Ishmael und Queequeg angeheuert haben und von denen Melville schreibt, sie seien Quäker, die vom Teufel geritten wurden.«

»Du und dein Melville«, sagt Karen. »Gib mir lieber mal die Karte.« Und nachdem sie die ausgiebig studiert hat, entscheidet sie, dass wir heute noch zu den Heritage Gardens fahren.

Dieser weitläufige Park hat einen der größten Pflanzenbestände in ganz Neuengland, und im Sommer blühen hier neben Tausenden von Taglilien auch Hortensien, Oleander und Rhododendren. Josiah K. Lilly, Erbe eines großen Pharmazieunternehmens, hat ihn 1969 anlegen lassen, um seine Oldtimer-Sammlung standesgemäß präsentieren zu können. Dafür ließ er die berühmte Runde Scheune des Hancock Shaker Village bei Pittsfield nachbauen, deren Original in den Berkshires steht. Dort kaufte Melville die Pflanzen und das Saatgut für seine Farm. Die Runde Scheune gehört zu den Meisterwerken der Shaker-Architektur in Neuengland, doch sind es nicht die funkelnden Rolls-Royces und Bentleys darin, die uns interessieren.

Vielmehr ist Karen wegen der Rieseninsekten gekommen, die der Holzbildhauer Daniel Rogers in diesem Sommer im Park losgelassen hat. Im Maze Garden Labyrinth begrüßt uns eine meterhohe Gottesanbeterin aus rotem Buchenholz, mächtige Spinnen lauern in ihren Netzen zwischen den Kiefern, und gigantische Rüsselkäfer kriechen schwerfällig durchs Unterholz. Die schönste Skulptur ist eine Libelle aus Bambus, die auf einem Floß über die Wellen des Shawme Pond wiegt und deren zitternde Flügel im Wind schwingen. Und über die Hügel von Hidden Hollow marschiert ein Zug riesiger Ameisen aus Weidengeflecht, unter denen wir uns in den Schatten setzen können.

Karen ist begeistert und stimmt ein altes Kinderlied an:

> *The ants go marching one by one.*
> *Hoorah! Hoorah!*
> *The ants go marching one by one;*
> *The little one stops to suck his thumb,*
> *And they all go marching down into the ground*
> *To get out of the rain.*

Insgesamt hat das Lied zehn Strophen, und manche der Kinder, die vorbeikommen, singen ein paar mit. Ich hole Karen zum Dank ein Blaubeereis, und wir wandern weiter bis zum künstlichen Wasserfall. Dort ertönen aus einem versteckten Lautsprecher Robert Schumanns *Kinderszenen*. »Drachenfliegen«, sagt Karen und zeigt auf die funkelnden echten Libellen, die in der Nachmittagssonne über den Seerosen am Teich schweben.

Cape Cod Canal

Old timers will tell you, winters are milder now that the Canal
has made an island of Cape Cod. Maybe so.

Edith and Frank Shay,
Sand in Their Shoes: A Cape Cod Reader (1951)

Irgendwann kommt auch im längsten Sommer auf dem Kap
der Tag des Abschieds, wenn Indian Summer und der Semes-
terbeginn nahen. Dann ist es Zeit für das Abschiedsdinner und
somit auch für ein paar Bemerkungen zur Küche Cape Cods.
Obwohl es zwischen Provincetown und Sandwich jede Menge
guter Seafood-Restaurants gibt, kochen wir lieber selbst, denn
viel kochen muss man hier gar nicht. Paul Theroux, der seit
Langem auf dem Kap lebt und schreibt, hat das in seinem Essay *Summer at the Cape* auf den Punkt gebracht: »Was könnte
einfacher sein als eine Vorspeise aus gedämpften Muscheln, einem gekochten Hummer mit Salat als Hauptgericht und Erdbeeren zum Nachtisch? Das kann man kaum Kochen nennen,
und doch ist es ein fantastisches Menü.« Wobei das mit den Muscheln nicht ganz so einfach ist, wie ich bei Joseph C. Lincoln in
Cape Cods vergangene Zeiten von 1935 erfahre: »Ein New Yorker
wird Ihnen sagen, dass es lediglich zwei Sorten von Muscheln

gibt – harte und weiche. Die mit der langen, dünnen Schale sind die weichen, die mit der dicken, runden die harten. Von einem Cape Codder würden Sie so etwas niemals hören.« Und dann fährt er fort, die genauen Unterschiede zwischen Quahogs, Littlenecks, Cherrystones und Scallops zu erläutern, was ich mir hier spare, denn sie sind so umfangreich wie das Angebot an der Theke des Seafood Market.

Frische Erdbeeren findet man im Sommer auf den meisten Farmermärkten, ebenso Blaubeeren und Cranberrys, die übrigens vorzüglich zu Hummer und Kabeljau passen. Die Rezepte für eine echte New England Clam Chowder gibt es auf Faltblättern an den Fischtheken oder im Internet. Oder man fährt zu Mac's Seafood oder Moby Dick's in Wellfleet und nimmt sich einen Muscheleintopf mit. Auch fertigen Hummer bekommt man dort auf dem Sandwich, als Salat oder frisch gekocht in der Schale, aber das bringt einen dann eben um die Erfahrung, einen selbst gekochten Hummer zu servieren und zu knacken. Anfänger sollten wissen, dass man dabei nicht seine beste Abendgarderobe tragen sollte, sondern lieber ein Hummerlätzchen. Diese *lobster bibs* gibt es in jedem Fischgeschäft. Zu Hummer und Erdbeeren und zum Abschied muss es selbstverständlich Champagner sein, aber Vorsicht: Amerikanischer *champagne* ist ungenießbar.

Auf jedes Abschiedsdinner folgt der letzte Spaziergang am Meer, wobei man, wie eingangs erwähnt, immer ein bisschen Sand in den Schuhen mitnehmen muss. Und dann kommt der Morgen mit Packen und Abreise. Schlimm ist dabei nicht nur, dass wir nun bald nicht mehr die Wellen schlagen hören; viel schlimmer ist, dass meistens alle zur gleichen Zeit abreisen. Meine Freundin hat eine Staustrategie entworfen, wenn wir unbedingt an einem Sonnabend aufbrechen müssen. Wir frühstücken in aller Ruhe, machen einen langen Strandspaziergang und zuckeln dann am Nachmittag der Karawane hinterher. Bisher sind wir damit ganz gut gefahren, denn mit Trödeln und Bummeln haben Amerikaner nichts im Sinn, wenn der Urlaub zu Ende ist. Dann wird sofort wieder in den Arbeitsgang geschaltet.

Da wir zurück zum Massachusetts Turnpike in Richtung Westen müssen, fahren wir über Route 28 zur Bourne Bridge, die zum Cape Cod Canal führt. Route 6 zur Sagamore Bridge verläuft entlang der Otis National Guard Base vorbei, wo gegen Ende des Zweiten Weltkriegs das Kriegsgefangenenlager Camp Edward eingerichtet wurde. Dort waren die Reste von Rommels Nordafrika-Korps interniert und erhielten die ersten Lektionen in *democratic re-education*. Der Dramatiker Tankred Dorst erzählte mir einmal, dass er bei seiner eigenen Überfahrt mit dem Truppentransporter glaubte, das Schiff hätte zuvor dem Kindertransport gedient, weil in allen Kammern und Decks stapelweise Comics herumlagen. Die hatten jedoch nicht etwa Kinder, sondern die GIs gelesen, die an den europäischen Kriegsschauplatz verschifft worden waren. So begann für Dorst wie für Tausende andere Wehrmachtssoldaten die demokratische Umerziehung mit Mickey Mouse und Superman.

Heute gehört die Basis zur Massachusetts Military Reserve; die riesigen Radarstationen, die anfliegende sowjetische Atomraketen orten sollten, stehen noch immer dort. Das Gelände ist streng gesichert und Anhalten oder gar Fotografieren keine gute Idee. Ein interessanterer Stopp ist deshalb das Aptucxet Trading Post Museum am Manomet River, wo man zum Abschied den ältesten Handelsposten des Kaps besuchen kann.

Die englischen und holländischen Siedler tauschten hier ab 1627 mit den Wampanoag Felle gegen Feuerwasser, besonders kostbare auch gegen Waffen, obwohl das streng verboten war. Aber schon damals waren Waffenembargos nur eine Frage des Preises. Fast dreißig Jahre lang wurde hier ein schwunghafter Handel betrieben, bis der Krieg gegen Sachem Metacom den Geschäften ein jähes Ende setzte. Das heutige Gebäude ist ein Nachbau aus dem Jahr 1927, der zum dreihundertsten Jahrestag der Gründung des Handelspostens errichtet wurde. Nur ein paar Steine im Kamin stammen noch aus dem alten Holzhaus, berichten die freundlichen Damen von der Bourne Historic Society dem Besucher. Vom Handelsposten aus kann man auch bereits die beiden Brücken sehen, die über den Cape Cod Canal zurück aufs Festland führen.

Der Kanal ist eines der ältesten Wasserbauprojekte der Ostküste. Schon Captain Miles Standish wollte 1623 mit dem Bau beginnen, um eine sichere Verbindung von Plymouth nach New York herzustellen. George Washington griff die Idee 1776 wieder auf und schickte den Ingenieur Thomas Machin, um die Möglichkeit eines Durchbruchs von der Cape Cod Bay zur Buzzards Bay zu erkunden. Machin rechnete die voraussichtlichen Kosten auf Pfund und Penny aus: 32 148 Pfund, 1 Shilling und 8 Pennys – zu teuer für die junge Republik, weshalb die Kapitäne weiter um die sturmumtoste Spitze des Kaps navigieren mussten. Danach folgten alle zehn Jahre neue Versuche, bis 1909 August Belmont Jr. auf den Plan trat, der als Direktor der National Park Bank den Bau der ersten New Yorker Untergrundbahn finanziert hatte und Spezialist für das scheinbar Unmögliche war. Der Durchbruch dauerte wegen der vielen Eiszeitfindlinge und der harten Neuengland-Winter länger als geplant, doch schließlich konnte der Kanal im Juli 1914 eröffnet werden. Zur Eröffnung sagte Belmont: »Die Hoffnung, dass er eines Tages Wirklichkeit werden könnte, diente uns als Trost für die Schmerzen, die wir alle angesichts so vieler Berichte über Schiffbruch und Verlust bei der Umrundung des Kaps empfunden haben.«

Der Kanal war zu Beginn zwar nur dreißig Meter breit und siebeneinhalb Meter tief, aber der Anfang war gemacht. Belmont hatte allerdings auf die teuren Schleusen verzichtet, die nötig gewesen wären, um die Gezeitengefälle zu regulieren, und das sollte sich rächen: Es kam immer wieder zu Kollisionen und Havarien, die viele Reeder abschreckten, obwohl der Kanal den Schifffahrtsweg zwischen Boston und New York um gut siebzig Seemeilen verkürzte. Nach dem Angriff des deutschen U-Boots U 156 auf die *Perth Amboy* vor Chatham übernahm die US-Eisenbahnverwaltung für elf Millionen Dollar den Kanal von Belmonts Gesellschaft und ließ ihn erweitern und vertiefen, um ihn auch für Kriegsschiffe passierbar zu machen. Zuvor baute man am MIT in Cambridge ein kilometerlanges Modell, um die Gezeiten und Strömungen besser berechnen zu können.

Heute ist der Kanal auf einhundertfünfzig Meter verbreitert und fast zehn Meter tief und hat aus dem Kap fast eine Insel gemacht. Auf beiden Brücken wehen riesige Sternenbanner und feiern seinen hundertsten Geburtstag. Unter uns nehmen Containerschiffe Kurs auf die Bay, über uns ziehen weiße Wolkenflotten gen Westen. Wieder fällt mir der letzte Satz aus Henry David Thoreaus *Cape Cod* ein: »Ein Mann kann hier stehen und ganz Amerika hinter sich lassen.«

»Und was ist mit der Frau?«, fragt Karen, während wir über die Brücke rollen.

»Die Frau natürlich auch«, sage ich gönnerhaft. »An der Seite ihres Mannes.«

»Ja«, nickt Karen, »aber die Frau sitzt am Steuer.« Und zum Dank dafür singe ich für sie, während wir über den Kanal fahren, das alte Cape-Cod-Shanty:

> *And now the season's over*
> *and the ship half full of oil*
> *our flying jip points for home*
> *towards our native soil.*
> *And when we all have landed*
> *where the rum is fairly cheap*
> *we drink success to the skipper's health*
> *for getting us over the deep!*

Dank

Kind regards to Ute Brandes, Scott Landry, Christine McCarthy, Duncan Gibson, Jana Fröbel, Sophia Jungmann, Christoph Hein, Nancy Lyon, Alexandra Pocknett, George Reinhart, Michael Tuck, Volker Ulbrich, my fellow Cape fishermen and my Captain K. L. R.

Quellenverzeichnis

Josef Berger: *Cape Cod Pilot*. MIT Press, Cambridge 1969

Peter Benchley: *Jaws*. Ballantine Books, New York 1991

Henry Beston: *The Outermost House*. Henry Holt Company, New York 1992

William Bradford: *Of Plymouth Plantation*. Alfred A. Knopf, New York 1965.

Thornton Burgess: *Now I Remember*. Little Brown, Boston 1960,
    zitiert nach Robert Finch

Rachel Carson: *The Sea Around Us*. Oxford University Press, New York 1951

Robert Dallek: *An Unfinished Life: John F. Kennedy, 1917–1963*. Little, Brown & Company, New York und Boston 2003

Bette Davis: *The Lonely Life*. G. P. Putnam's Sons, New York 1962,
    zitiert nach Robert Finch

Emily Dickinson: *Collected Poems*. Gramercy Books, New Jersey 1982

John Dos Passos: *USA*-Trilogie. Bd. 1: *Der 42. Breitengrad*. Abdruck mit freundlicher Genehmigung von Lucy Dos Passos Coggin. Deutsche Übersetzung von Paul Baudisch. Copyright © 1962 by Rowohlt Verlag GmbH, Reinbek bei Hamburg

John Dos Passos: *USA*-Trilogie. Bd. 3: *Die Hochfinanz*. Abdruck mit freundlicher Genehmigung von Lucy Dos Passos Coggin. Deutsche Übersetzung von Paul Baudisch. Copyright © 1962 by Rowohlt Verlag GmbH, Reinbek bei Hamburg

Robert Finch: *A Place Apart: A Cape Cod Reader*. The Countryman Press, Woodstock (VT) 2009

Valeska Gert: *Ich bin eine Hexe*. Copyright © Schneekluth 1968

Edward Gorey: *Amphigorey*. G. P. Putnam's Sons, New York 1981

George Grosz: *Ein kleines Ja und ein großes Nein: Sein Leben von ihm selbst erzählt*.
    © Schöffling & Co. Verlagsbuchhandlung GmbH, Frankfurt am Main 2009

Mary Heaton Vorse: *Time and the Town*. Cape Cod Pilgrim Memorial Association, Provincetown 1990

Philip Hoare: *Leviathan oder Der Wal. Auf der Suche nach dem mythischen Tier der Tiefe*. Deutsch von Hans-Ulrich Möhring. © mareverlag, Hamburg 2013

Judin, Juerg M.: *George Grosz: Die Jahre in Amerika, 1933–1958*. Hatje Cantz, Berlin 2009

Harry Kemp: Gedicht zitiert nach Robert Finch

Rudyard Kipling: Über *Bord*. Herausgegeben und übersetzt von Gisbert Haefs.
    © mareverlag, Hamburg 2007

Henry Kittredge: *Cape Cod. Its People and Their History.* Parnassus Imprints, Orleans 1987

Stanley Kunitz: *Collected Poems.* Little, Brown & Company, New York und Boston 1972, zitiert nach Robert Finch

Gail Levin: *Edward Hopper: An Intimate Biography.* Rizzoli International Publications, New York 2007

John C. Lilly: *Man and Dolphin.* Doubleday, New York 1961

Joseph Lincoln: *Cape Cod Yesterdays.* Little, Brown & Company, Boston 1935, zitiert nach Robert Finch

Herman Melville: *Moby-Dick; or, The Whale.* Penguin Books, New York 1988

Edna St. Vincent Millay: *Collected Poems.* HarperCollins, New York 1951

Elizabeth Reynard: *The Narrow Land. Folk Chronicles of Old Cape Cod.* Chatham Historical Society, Chatham 1978

Clifford Ross und Karen Wilkin: *The World of Edward Gorey.* Harry N. Abrams, New York 1996

Hans Sahl: *Memoiren eines Moralisten / Das Exil im Exil.* © 2008 Luchterhand Literaturverlag, München, in der Verlagsgruppe Random House GmbH

Henry David Thoreau: *Cape Cod.* Penguin Books, New York 1987

Paul Theroux: *Sunrise with Seamonsters: Travels and Discoveries.* Houghton Mifflin Co., Boston und New York 1985

Alle Übersetzungen im Text stammen, wenn nicht anders vermerkt, von Holger Teschke.

Inhalt